中国制造业企业对外直接投资战略演进及进入模式选择研究

Research on the Evolution of Chinese Manufacturing Enterprises' Foreign Direct Investment Strategy and the Location Selection of Entry Mode

林良沛 ◎ 著

·广州·

图书在版编目（CIP）数据

中国制造业企业对外直接投资战略演进及进入模式选择研究／林良沛著. —广州：华南理工大学出版社，2020.5
ISBN 978-7-5623-6289-0

Ⅰ. ①中… Ⅱ. ①林… Ⅲ. ①制造工业-工业企业-对外投资-直接投资-研究-中国 Ⅳ. ①F426.4

中国版本图书馆 CIP 数据核字（2020）第 037065 号

中国制造业企业对外直接投资战略演进及进入模式选择研究
林良沛　著

出 版 人：卢家明
出版发行：华南理工大学出版社
（广州五山华南理工大学17号楼　邮编：510640）
http://www.scutpress.com.cn　E-mail: scutc13@scut.edu.cn
营销部电话：020-87113487　87111048（传真）
策划编辑：谢苿莉
责任编辑：谢苿莉
责任校对：詹伟文
印 刷 者：广州市人杰彩印厂
开　　本：787mm×960mm　1/16　印张：10.5　字数：194 千
版　　次：2020 年 5 月第 1 版　2020 年 5 月第 1 次印刷
定　　价：48.00 元

版权所有　盗版必究　　印装差错　负责调换

序

改革开放以来，我国确立了以市场经济为主导、大力开展国际贸易的经济政策，经济快速增长，取得了令人瞩目的成就。"丝绸之路经济带"和"21世纪海上丝绸之路"合作倡议的实施，对我国企业对外直接投资产生了重要影响，为我国企业开展境外直接投资提供了许多新的机遇，同时也充满了挑战。中国企业在国际化进程中对于进入模式的选择问题更是成了跨国企业制定海外经营战略的重要基石。传统的国际市场进入模式选择理论的研究，大多是从"利润最大化"角度出发，研究成果对发达国家的跨国公司有指导作用。但基于组织能力视角，研究中国制造业企业对外直接投资进入模式选择的理论研究不多，需要通过大量相关研究构建必要的理论框架，在此基础上分析企业的海外经营实践，并进一步提炼成企业进入模式的理论，以指导实践。

林良沛多年来一直研究中国制造业企业对外直接投资战略演进及进入模式，在探寻中国制造业企业对外直接投资战略演进规律以及分析进入模式选择的影响因素的基础上，为企业海外经营实践提供更为丰富的理论支持。

具体来说，有以下几点值得肯定：

一、系统且全面。本书将中国制造业企业对外直接投资战略演进及进入模式作为研究对象，针对对外直接投资做了全面、深入、系统的分析与考察，以展现其学术特点、学术来源，并针对企业的进入模式进行了辩证分析，可为中国制造业对外直接投资提供更实际的理论指导，为企业海外经营实践提供更全面的理论支持。

二、细致而深入。本书对中国制造业企业对外直接投资的发展历程与现状进行了深入的分析，并联系企业对外直接投资的国内与国际环境进行研究：从中国制造业发展的主要问题与主要挑战，到企业对外直接投资战略的类型及其实现途径，再针对企业对外直接投资战略演进进行案例研究，重点对海尔、华为、万向等集团进行案例内数据分析，充实了企业对外直接投资的数据文本资料。

三、创新有亮点。本书以企业对外直接投资理论与企业能力理论为理论基础，进一步丰富了企业对外直接投资战略研究，深化了企业进入模式选择影响因素研究。主要创新有三点：一是提出中国制造业企业对外直接投资战略的演进路径，二是提出中国制造业企业对外直接投资战略演进机理"三阶演进"模型，三是提出基于对外直接投资战略的企业进入模式选择关键影响因素。

林良沛在北京大学光华管理学院完成了硕士阶段的学习后，在政府单位任职，有机会与众多企业家进行面对面交流，了解企业困难及诉求，掌握第一手资料，有很好的环境持续推进他的研究，并在四川大学取得博士学位，本书就是在其博士论文基础上完成的。期待他在未来能够继续勤奋进取，在学术的道路上走得更远，不断有更好的论著问世，并预祝林良沛未来的事业、人生一切顺利。

武常岐
北京大学光华管理学院教授
国家高新技术产业开发区发展战略研究院院长
2019 年 12 月

前言

当前中国已经迈入中等收入国家行列，劳动力等要素成本的持续上升使得低成本制造优势不断减弱。随着中国产业的转型升级，国内低端产业过剩，需要转移落后产能以延续产业竞争力，尤其是"丝绸之路经济带"和"21世纪海上丝绸之路"合作倡议的实施，为中国制造业企业对外直接投资带来新的机遇。近年来中国制造业企业国际化步伐不断加快，企业对外直接投资持续增多。中国制造业企业普遍面临如何通过对外直接投资发展成全球公司的问题。

在中国企业对外直接投资战略的研究领域，较多研究成果聚焦对外直接投资的战略动机、企业资源与能力。已有文献提出了对外直接投资相关演进规律的动态研究视角，但研究深度有待加强。关于中国制造业企业对外直接投资战略演进规律的成果也比较少。中国企业对外直接投资进入模式选择研究大多集中在影响因素分析，而基于对外直接投资战略研究进入模式的文献目前不多。本研究的目的是探寻中国制造业企业对外直接投资战略演进规律以及进入模式选择的影响因素。

本书以企业对外直接投资理论与企业能力理论为基础，综合运用文献研究、案例分析、实证研究等方法，分析了中国制造业企业对外直接投资的宏观环境以及战略选择，研究了中国制造业企业对外直接投资战略演进的路径与机理，以及基于对外直接投资战略研究进入模式选择的影响因素。主要创新有以下三点：

第一，提出中国制造业企业对外直接投资战略的演进路径。

基于探索性案例分析与文献研究，分析提出中国制造业企业对外直接投资战略演进路径为"市场获取—资源获取—全球升级"，即先实施市场获取战略，然后实施资源获取投资战略，最后实施全球升级投资战略，最终成为全球公司。市场获取投资战略是指以获取市场信息、市场份额以及市场知识为目的的对外直接投资战略；资源获取投资战略是指以获取自然资源、人力资源以及战略资产为目的的对外直接投资战略；全球升级投资战略是指以建立全球化运营网络、进行全球资源整合以及开展全球学习活动的对外直接投资战略。企业应在不同发展阶段选择与自身实际相符的对外直接投资战略。中国制造业企业利用国内发展积累的优势实施市场获取、资源获取投资战略，是一个持续构建竞争优势的过程；当企业发展到全球升级阶段，企业通过全球运营和全球学习来利用和维持其竞争优势。

第二，提出中国制造业企业对外直接投资战略演进机理的"三阶演进"模型。

在探索性案例研究基础之上，通过理论分析提出中国制造业企业对外直接投资能力演进的阶梯模型：由产品制造与市场营销能力构成企业的一阶能力，由资源整合与技术创新能力构成企业的二阶能力，由全球运营与全球学习构成企业的三阶能力。中国制造业企业对外直接投资能力按照一阶、二阶、三阶的层次逐级演进。企业对外直接投资能力演进决定了企业对外直接投资战略的演进。企业能力的发展呈现阶梯式演进，企业对外直接投资战略选择应遵循以下原则：当企业能力处于以制造能力与营销能力为导向时，企业应选择市场获取战略；当企业能力处于以整合能力和创新能力为导向时，企业应选择资源获取战略；当企业能力处于以全球运营和全球学习能力为导向时，企业应选择全球升级投资战略。

第三，提出基于对外直接投资战略的企业进入模式选择的关键影响因素。

基于对外直接投资战略的企业进入模式选择的影响因素主要包括投资动机与企业能力。通过实证研究发现，相对于选择低资源增长程度的进入模式，获得市场的投资动机和资源的投资动机越强、全球升级的投资动机越弱，企业既可以选择高资源增长程度进入模式，也可选择中等资源增长程度进入模式。相对于市场获得混合投资动机，高资源增长程度进入模式的选择所受到的来自技术创新能力、产品制造能力和资源获得动机的影响相对均衡。这说明技术创新水平、产品制造能力水平以及企业获得资源动机对中国制造业企业选择高资源增长程度的进入模式的影响作用并无明显差异。相对于选择低等资源增长程度的进入模式,高资源增长程度的进入模式的选择所受到的来自获得资源动机的影响最大,其次是来自全球学习能力和技术创新能力的影响,再次为产品制造能力和全球运营能力,来自全球升级能力的影响相对最小。

本书内容结构如下:

第1章,绪论。主要介绍研究背景与研究意义、研究内容与研究方法、基本概念界定等内容。

第2章,国内外相关研究述评。首先梳理中国企业对外直接投资战略的有关文献,具体包括中国企业对外直接投资战略的资源能力、战略动机、动态演进的相关内容。其次对中国企业对外直接投资进入模式相关研究进行总结。通过综述国内外相关文献,对中国企业对外直接投资战略与进入模式两大主题研究成果进行述评。此外,对本书涉及的相关理论基础进行综述。

第3章,企业对外直接投资的宏观环境。回顾中国制造业企业对外直接投资的发展历程,分析中国制造业企业对外直接投资发展现状;基于企业对外直接投资的母国环境影响因素进行理论分析和验证;梳理中国制造业企业对外直接投资面临的国际环境。

第4章,企业对外直接投资的战略选择。深入分析中国制造业发展面临的主要问题与挑战,基于对国际环境的趋势分析,明确中国制造业企业全球价值链升级的重要途径是对外直接投资战略;基于投资动机划分企业对外直接投资战略类型,分析各类对外直接投资战略的实现途径。

第5章,企业对外直接投资战略演进的探索性案例。围绕"中国制造业企业对外直接投资战略如何演进"这一问题,采用探索性案例分析方法,选取国内具有较高知名度和典型代表性的海尔、华为和万向三家制造业集团企业作为样本,进行案例内分析和多案例比较分析,为中国制造业企业对外直接投资战略演进规律的发现奠定基础。

第6章,企业对外直接投资战略演进的路径与机理。在探索性案例研究的基础上,聚焦企业对外直接投资战略演进的路径与机理,通过文献研究提出中国制造业企业对外直接投资战略的具体演进路径；基于企业能力理论深入分析企业对外直接投资战略演进的机理。

第7章，基于对外直接投资战略的企业进入模式选择。在第6章研究的基础上，从企业对外直接投资能力与投资动机的角度研究企业进入模式选择。通过文献研究提出理论假设，并运用问卷调查法收集数据，对相关理论假设进行实证研究。

第8章，企业对外投资管理实践建议。通过上述系统研究分析，提出中国企业对外直接投资的可操作性指导和具体建议。

目 录

1 绪论 ·· 1
  1.1 研究背景与研究意义 ·· 1
    1.1.1 研究背景 ·· 1
    1.1.2 研究意义 ·· 3
  1.2 研究内容与研究方法 ·· 5
    1.2.1 研究内容 ·· 5
    1.2.2 研究方法 ·· 6
  1.3 基本概念界定 ··· 7

2 国内外相关研究述评 ·· 10
  2.1 企业对外直接投资战略述评 ·· 10
    2.1.1 企业对外直接投资战略的资源能力 ························· 10
    2.1.2 企业对外直接投资的战略动机 ······························ 12
    2.1.3 企业对外直接投资战略的动态演进 ························ 14
    2.1.4 文献评述 ·· 14
  2.2 企业对外直接投资进入模式述评 ······································ 15
    2.2.1 战略因素与进入模式选择 ···································· 15
    2.2.2 企业资源能力与进入模式选择 ······························ 17
    2.2.3 国家因素与进入模式选择 ···································· 18
    2.2.4 文献评述 ·· 19
  2.3 企业对外直接投资相关理论述评 ······································ 20

3 企业对外直接投资的宏观环境 ··· 26
  3.1 企业对外直接投资的发展历程与现状 ································ 26

3.1.1　企业对外直接投资的历程 ············ 26
　　　3.1.2　企业对外直接投资的现状 ············ 30
　3.2　企业对外直接投资的国内环境 ················ 31
　　　3.2.1　母国宏观环境的影响因素 ············ 31
　　　3.2.2　对外直接投资的国内环境 ············ 36
　3.3　企业对外直接投资的国际环境 ················ 39
　　　3.3.1　制造业全球化发展带来的机遇 ········ 39
　　　3.3.2　国际环境不确定性带来的挑战 ········ 41

4　中国制造业企业对外直接投资的战略选择 ············ 42
　4.1　中国制造业发展的主要问题与挑战 ·············· 42
　　　4.1.1　中国制造业发展存在的主要问题 ······ 42
　　　4.1.2　中国制造业发展面临的主要挑战 ······ 44
　　　4.1.3　全球价值链升级的重要途径：对外直接投资战略 ········ 45
　4.2　企业对外直接投资战略的类型及其实现途径 ······ 46
　　　4.2.1　企业对外直接投资战略的类型 ········ 46
　　　4.2.2　企业对外直接投资战略的实现途径 ···· 50

5　企业对外直接投资战略演进的探索性案例 ············ 53
　5.1　案例研究设计 ································ 53
　　　5.1.1　研究方法与步骤 ···················· 53
　　　5.1.2　样本选择与数据收集 ················ 54
　　　5.1.3　信度与效度 ························ 55
　5.2　案例内数据 ·································· 55
　　　5.2.1　海尔集团对外直接投资战略演进 ······ 55
　　　5.2.2　华为公司对外直接投资战略演进 ······ 65
　　　5.2.3　万向集团对外直接投资战略演进 ······ 73
　5.3　跨案例比较 ·································· 80
　　　5.3.1　共性分析 ·························· 80
　　　5.3.2　差异性分析 ························ 87

6 企业对外直接投资战略演进的路径与机理 …………………… 89
6.1 对外直接投资战略的演进路径 ………………………………… 89
6.1.1 对外直接投资动机演进:"优势获取—优势利用—优势保持" 89
6.1.2 对外直接投资战略演进:"市场获取—资源获取—全球升级" 91
6.2 对外直接投资战略的演进机理 ………………………………… 95
6.2.1 对外直接投资能力演进:阶梯演进模型 ……………… 95
6.2.2 基于能力视角的对外直接投资战略演进机理 ………… 98

7 基于对外直接投资战略的企业进入模式选择 ………………… 103
7.1 理论分析与假设提出 …………………………………………… 103
7.1.1 企业能力对进入模式选择的影响 ……………………… 103
7.1.2 基于资源增长程度的进入模式类型划分 ……………… 105
7.1.3 进入模式选择相关研究假设的提出 …………………… 106
7.2 研究思路与方法 ………………………………………………… 116
7.2.1 研究思路 ………………………………………………… 116
7.2.2 分析方法 ………………………………………………… 122
7.3 研究假设的实证检验 …………………………………………… 133
7.3.1 信度和效度检验 ………………………………………… 133
7.3.2 Logistic 回归分析 ……………………………………… 136
7.3.3 结果讨论 ………………………………………………… 140

8 企业对外投资管理实践建议 ……………………………………… 143

参考文献 ……………………………………………………………… 146

后记 …………………………………………………………………… 154

1 绪 论

1.1 研究背景与研究意义

1.1.1 研究背景

1. 现实背景

20世纪80年代以来,在全球化趋势的带动下,世界经济迅猛发展,各国企业对外直接投资不断加大。改革开放以来,中国确立了以市场经济为导向、大力发展国际贸易的政策,中国的经济快速增长,取得令人瞩目的成就。随着世界范围内的信息、资源、商品、资本、技术等在全球范围内优化配置,范围经济和规模经济得以实现,中国经济亦随之融入世界经济之中。中国对外直接投资虽然在近几年快速发展,但作为一个发展中国家,由于起步较晚,其投资额占国际直接投资的份额和国内经济总量份额均相对较小,2014年中国对外直接投资占全球当年流量、存量分别为9.1%和3.4%,同发达国家相比,尚存在较大差距。与此同时,中国企业对外投资条件正在发生变化,从2013年起中国已经成为第一大外汇储备国、第一大出口国和第三大对外投资国,这体现出中国企业对外直接投资的实力在不断增强。中国企业通过不断地实践来增强创新能力和经营管理能力,使中国企业保持了较好的国际竞争条件。当前中国已经迈入中等收入国家行列,劳动力等要素成本的持续上升使得低成本制造优势不断减弱。随着中国产业进行转型升级,国内低端产能过剩,需要转移落后产能以延续产业竞争力,尤其是"丝绸之路经济带"和"21世纪海上丝绸之路"等合作倡议的实施,对中国企业对外直接投资将产生重要影响。我国企业开展境外投资面临许多新的机遇。

2017年8月,国务院办公厅转发国家发展改革委、商务部、人民银行、外交部《关于进一步引导和规范境外投资方向的指导意见》,部署加强对境外投资的宏观指导，引导和规范境外投资方向，推动境外投资持续合理有序健康发展。国家鼓励开展的境外投资包括重点推进有利于"一带一路"建设和周边基础设施互联互通的基础设施境外投资；稳步开展带动优势产能、优质装备和技术标准输出的境外投资，加强与境外高新技术和先进制造业企业的投资合作等。从宏观上看，综合衡量中国货物贸易规模、吸收外资规模、外汇储备规模和居民储蓄率等因素，中国有基础、有物质条件、有能力来进行对外投资；企业主动"走出去"拓展各国间的意愿和动力也在不断增强。为了经济社会可持续发展，中国不仅需要发挥源自国外的全球公司的作用，而且需培育一批源于中国的全球公司。中国许多制造业企业都面临如何通过持续对外直接投资发展成为全球公司的现实问题。近年来，中国制造业企业对外直接投资不断增多，企业国际化步伐不断加快，许多企业的对外直接投资取得显著成效，也有部分企业的对外直接投资效果未达预期，甚至遭受巨大损失。中国制造业企业亟须对外直接投资战略理论的指导。

2. 理论背景

以新兴市场为主体的发展中国家对外直接投资近年来发展迅速。无论对于产业界还是学术界，对外直接投资战略已成为一个重要议题。主流对外直接投资理论以"企业特定优势论"和"过程论"为代表（Buckley等，2007）。"企业特定优势论"基于两个基本原则（Buckley和Casson，1976）：第一，当企业内部化带来的利益超过因外部市场不完善造成的额外成本时，企业具有内部化的动机；第二，企业选择运营成本低的地区进行投资。持"企业特定优势论"的学者认为，企业进行对外投资的主要目的是利用其特定优势。当企业拥有的优势足以弥补因对外投资而遭遇外来者劣势时，企业就具备了对外直接投资的动机。"过程论"则来自以Johanson和Vahlne（1977）为代表的瑞典Uppsala行为学派，该理论的潜在假设是，企业的对外直接投资是一个渐进的学习过程。企业通过在"干中学"这一过程积累东道国知识和发展组织能力。"过程论"认为，在进入模式选择上，企业采用从投资风险和资源承诺较小的模式到投资风险和资源承诺较大的模式的渐进原则。然而，无论是"企业特定优势论"还是"过程论"，它们的研究对象都是发达国家的跨国企业。这些主流理论受到新兴市场跨国企业投资实践的挑战。

随着全球化的日益加深，企业进入其他国家经营已逐渐成为一种趋势。企业在国际化进程中对于进入模式的选择问题更是成了跨国企业制定海外经营战略的重要基石。传统的国际市场进入模式选择理论的研究，大多是从经济范式的"利润最大化"角度出发，研究成果对发达国家的跨国公司有相应指导作用。中国对外投资起步相对较晚，多数中国跨国企业仍处于国际化初中级阶段。以发达国家跨国公司为研究对象的理论模型并不一定完全适用于中国企业实际。目前基于组织能力视角研究中国制造业企业对外直接投资进入模式选择的理论研究还不多，不少国内企业正面临市场扩张、技术开发、资源获取等发展压力，正在考虑进入或已进入海外市场。因此需要大量相关研究为其海外经营实践提供必要的理论支持，为企业进入模式选择提供理论指导。

1.1.2 研究意义

1. 理论意义

目前从宏观层面探讨中国总体对外直接投资战略和政策的研究成果丰硕，而在微观层面探讨中国企业对外直接投资战略的研究成果相对较少。国际市场进入模式（entry mode）理论作为企业国际化管理理论的第三大研究领域，其研究数量仅次于对外直接投资和国际化这两个研究领域。当企业决定进入国际市场时，所面临的一个重要战略决策就是以何种模式进入目标市场。本研究主要有以下理论意义。

（1）进一步丰富企业对外直接投资战略研究。

在涉及中国企业对外直接投资战略的相关领域，较多研究中国企业对外直接投资的战略动机、企业资源和能力（优势），而研究中国企业对外直接投资的战略框架的文献尚不多。有文献初步提出对外直接投资相关演进规律的动态研究视角，但大多集中于类别划分，而对不同类别之间演进的递进次序研究较少，相关研究深度还不够。就对外直接投资的战略框架而言，目前研究基本是将战略动机、国际化战略的类别划分与演进规律直接套用到企业对外直接投资战略上，尚未开展独立的"对外直接投资战略"概念定义和演进规律研究。本研究在界定企业对外直接投资战略内涵、划分战略类型、分析战略特征的基础上，聚焦中国制造业企业，提出中国制造业企业对外直接投资战略的演进目标、演进路径与演进机理，可进一步丰富企业对外直接投资战略研究。

（2）进一步深化企业对外直接投资的进入模式选择研究。

我国既是最大的发展中国家，又属于发展转型的国家。与研究发达国家跨国公司相比，研究中国企业对外直接投资进入模式具有独特的理论意义和实践意义。在对中国企业对外直接投资进入模式的选择上，目前的研究大多集中在单一因素的影响机理，将多个影响因素与模式选择纳入同一个分析框架的相对较少。本研究基于组织能力视角，研究中国制造业企业对外直接投资能力与投资动机对进入模式选择的影响，基于问卷调查获取样本数据。对中国制造业企业对外直接投资的进入模式选择进行了深入研究：基于资源增长程度，重新划分对外直接投资进入模式类型；采用多分类 Logistic 回归分析方法研究对外直接投资动机、对外直接投资能力对进入模式选择的影响，可进一步深化企业对外直接投资的进入模式选择研究。

2. 现实意义

随着经济全球化的深入发展，面对的竞争更加激烈，中国企业必须像全球公司那样，学会吸纳整合全球资源来参与全球竞争。综观中国当前国内外宏观形势，一条以我为主的包容性全球价值链将成为中国制造业高水平全方位开放的新空间与新载体，也是中国经济增长实现中高速、产业发展迈上中高端水平的基础。本研究主要有以下现实意义。

（1）为中国制造业企业发展成为全球公司明确发展路径。

随着中国经济发展进入新常态，企业作为经济发展最基础的驱动力。对于中国制造业企业而言，成为全球公司是融入全球高端价值链的战略路径。只有成功打造整合全球范围内资源、人才、技术和品牌的平台和网络体系，中国制造业企业才有可能提升在全球价值链中的影响力。从已经走出去的源于中国的跨国公司看，他们通过海外发展已经成功地完善了自己的全球价值链，整合了企业发展所需要的全球资源，提升了自身的竞争力。中国制造业企业通过依次实施市场获取、资源获取和全球升级战略来逐渐发展成为全球公司。

（2）为中国制造业企业选择符合自身发展阶段和能力的进入模式提供指导。

中国制造业企业需要根据自身发展阶段选择相应的对外直接投资战略，并基于不同的能力和投资动机选择进入模式。中国制造业企业在进入国际市场时的规模相对较小、实力较弱、跨国经营的经验不足等将使其遭受经济损失或遭遇发展中的瓶颈。选择何种方式进入国际市场，才能发挥中国制造业企业的优势，战略性地开发海外市场，最终打造一批在国际市场上具有竞争优势的中国大型跨国企业，是本研究的重点内容。与全球公司相比，中国企业的全球化程度相对较低，这意味着企业整合全球资源的能力不足，在全球价值链中的影响力也较弱。本研究通过研究企业对外直接投资动机和能力对进入模式影响的实证研究，为中国制造业企业选择对外直接投资进入模式提供指导和借鉴。

1.2 研究内容与研究方法

1.2.1 研究内容

本研究的目的是在综合目前企业对外直接投资战略相关文献的基础上，以企业能力理论与对外直接投资理论为理论基础，科学界定全球公司，分析中国制造业企业对外直接投资的宏观环境以及战略选择；研究中国制造业企业对外直接投资战略演进的路径与机理；基于对外直接投资战略分析企业进入模式选择的影响因素并进行实证。研究内容主要包括：

（1）分析中国制造业企业对外直接投资的战略选择。

在分析中国制造业企业对外直接投资的发展历程与现状、国内外宏观环境基础上，明确提出对外直接投资战略是中国制造业企业解决自身发展问题、应对外部挑战、进行全球价值链升级的重要路径。中国制造业企业开展对外直接投资的目标是进行价值链升级，实现全球公司发展目标。在文献研究基础上，划分企业对外直接投资战略类型，并提出各类投资战略的实现途径。

（2）分析中国制造业企业对外直接投资战略演进的路径。

企业发展成为全球公司是一个逐渐发展演变的过程。在明确企业对外直接投资战略演进的目标基础上，运用探索性案例的分析方法，通过深入分析三家典型中国制造业企业对外直接投资的发展历程、战略动机演进过程，探寻对外直接投资战略的演进规律。

（3）分析中国制造业企业对外直接投资战略演进的机理。

围绕"中国制造业企业对外直接投资战略演进路径背后的机理是怎样的"这一问题，运用探索性案例分析方法，剖析三家典型中国制造业企业对外直接投资战略演进过程中的能力特征变化，探寻其能力演进规律。基于企业能力理论视角，剖析对外直接投资战略的演进机理。

（4）研究基于对外直接投资战略的企业进入模式选择影响因素。

进入模式选择是企业对外直接投资战略实施中不容回避的重要问题。在文献研究与问卷调查基础上，深入分析企业的产品制造、国际营销、技术创新、资源整合、全球运营、全球学习能力以及不同投资动机对企业进入模式选择的影响。

1.2.2 研究方法

本研究力图将理论与实践紧密结合，避免提出的理论与实际脱节。在研究过程中，从规范角度提出中国制造业企业对直接投资的战略选择，选择国内具有代表性的制造业企业为研究对象，对其对外直接投资战略演进进行全面考察和系统研究。为解决既定研究问题、实现既定研究目标，主要采用了以下研究方法。

1. 文献研究法

为系统分析对外直接投资战略理论发展脉络，首先对对外直接投资战略相关研究进行详细梳理，收集、阅读大量与对外直接投资战略相关的文献资料。在此基础上，筛选出与研究主题紧密相关的企业对外直接投资的资源与能力、战略动机、动态演进规律、进入模式选择影响因素，并对上述理论进行重点研读与分析，找出其对企业对外直接投资战略研究的启示。然后对企业能力理论与对外直接投资战略理论进行回顾与总结，进而明确研究的问题和分析的思路。

2. 案例分析法

井润田、宁静和张远（2008）认为，案例研究是管理研究的一种重要方法，它通常从实际的企业现象出发提出理论命题，通过资料收集、案例编写、案例分析推导出研究结论。案例研究的优点在于可以产生新的理论，并且理论的效度比较高。此外，案例研究有利于通过沟通获取丰富的信息，进而引发更全面的理论思考，为下一步的实证研究提供基础性材料。案例分析法具有理论构建与理论验证两种功能，本书第5章运用探索性案例研究方法，研究中国制造业企业对外直接投资战略演进及能力演进，为后续理论研究奠定基础。

3. 实证研究法

在基于对外直接投资战略的进入模式选择研究过程中，通过问卷调查收集数据，进行实证研究。对有海外投资经历的跨国制造业企业管理者开展问卷调查，获得大量一手数据，并选择SPSS22和AMOS21作为数据分析软件，对问卷调查所获得的数据进行统计分析，对各研究假设进行逻辑回归分析，以验证产品制造、国际营销、技术创新、资源整合、全球运营、全球学习以及投资动机对企业对外直接投资进入模式选择的影响。

1.3 基本概念界定

1. 制造业企业

根据 2017 年国家质检总局和国家标准化管理委员会发布的《国民经济行业分类标准》（GB/T4754—2017），制造业是第二产业中除采掘业、电力、燃气及水的生产和供应业、建筑业以外，通过动力机械制造或手工制作新产品或产品再制造的行业总称。制造业为国民经济中最为庞大的产业体系，共计包含 30 个行业大类。制造业企业是加工类产品的生产者，是从事制造业行业的价值创造组织。对于涉及行业多元化的集团企业，只要集团业务收入和利润贡献超 50% 的主导产业为制造业行业，则认定该集团企业为制造业企业。在价值链中，制造业企业通过将原材料、劳动力、资本等生产要素进行技术组合、加工，从而生成具备一定价值的新产品。制造业企业是产品价值增值的创造主体。中国制造业是国民经济的重要表现和具有国际比较优势的主导产业，经过长时间发展，已经成长起来一批在国际市场具有竞争优势的制造业企业，成为中国国际竞争力的核心支撑。制造业企业始终是我国对外直接投资的主体。

2. 对外直接投资

在理论研究中，国际对外直接投资通常被定义为外商或外国直接投资等，它是在经济全球化背景下，资本实现国际化运作的主要方式之一。1985 年国际财务管理协会（IMF）对对外直接投资做出详细精准的定义，即为了能够在该国以外的企业管理中获得实际发言权，也是为了能够在一个国外的企业中获得长久利益而进行投资。投资方在企业中对直接投资管理权限的比例大小，是衡量一个国家对外直接投资的重要指标。每个国家可能确定的直接投资标准并不是相同的。国际货币基金组织规定拥有 25% 的投票权，美国为 10%，法国为 20%，而加拿大政府确定存在控制只有当本国公民拥有外企一半以上的股权。

综上所述，在对对外直接投资统计实践时各国普遍采取一定的标准，即以境内投资者在境外拥有被投资公司 10% 及以上的股权数。本研究选择的是中国对其他国家进行投资的企业，为了保证数据的一致性，所采用的对外直接投资数据的统计标准和范围将与中国国家统计局保持统一。

3. 对外直接投资战略

因本研究涉及对外直接投资的主体是企业，此处的对外直接投资战略首先属于企业战略范畴，其次是用于指导企业国际化的决策选择。

首先，对外直接投资战略具有企业战略的本质特征。从战略是处理组织与环境之间关系的角度看,企业管理的战略是,确定企业基本的长期目标、选择恰当的行动途径与方法以及为实现这些目标进行资源的合理分配(Chandler,1962)。就具体形式而言,企业战略是一种计划或模式(Quinn,1980),是用于企业决策的知识结构(Nadkarni 和 Narayanan,2007)。

其次,对外直接投资战略用于指导企业国际化的决策选择,与企业国际化的动机、进入形式等紧密关联。企业国际化,是指企业有意识进入国际市场,推进地域市场多元化,由国内企业发展成为跨国集团公司的过程。企业国际化是从企业经营活动与国际市场发生联系时开始,这种联系包含资金、技术等生产要素的交换和商品服务的交换。因此,广义的国际化包括商品服务出口、对外直接投资等;狭义的国际化即以资本跨国流动的对外直接投资,包括投资建厂、海外并购以及战略联盟等进入形式。在世界经济全球化、一体化向纵深发展的今天,任何企业都不可避免地要参与国际市场,企业国际化都经历了由国内市场向国际市场发展、从贸易向投资的演进过程,具有明显的渐进性和阶段性特征。

综上所述,对外直接投资战略是企业依托资本跨国流动带动企业资源跨国配置,在从国内经营向全球经营发展的国际化过程中,将国际市场环境与企业组织结合所做出的企业战略选择。

4. 企业对外直接投资能力

资源基础观认为,若企业的资源和能力是独特的、有价值的、稀缺的和难以模仿的,企业就可获得长久的竞争优势。企业的国际化活动是充满风险的,企业需要在进行跨国活动前就积累足够多的能力以适应复杂的国际环境,这种能力被定义为国际化能力(杨嬛、张学良,2016)。企业的国际化能力是在一定的资源基础上,进行各国间的资源配置活动所体现的资源配置效率(周霞、李飞飞,2009),或者说是企业在海外市场有效组合资源实现海外市场运营目标的能力(吴晓云、吴化民,2011)。具体而言,企业要在国际市场上赢得竞争优势,就必须具备制造能力、研发能力和国际营销能力,中国企业开展对外直接投资的经营过程中所必备的能力体系包括组织与战略能力、制造能力、营销能力、财务能力和创新能力(顾晓峰,2007)。彼得·德鲁克(1966)指出,企业所拥有的、且唯一独特的资源就是知识。倘若将知识视为资源的一种,企业知识理论可以包含于企业资源基础理论。企业知识理论将企业竞争优势的来源界定为企业知识获取(通过内部学习和外部学习)、转移和知识整合的差异化能力。跨国公司相对于本土公司而言,其独特性在于其知识获取来源的分散性与知识整合的异区位性。跨国公司需要在全球多个区位对知识进行整合,同区位优势的丧失给知识创新带来有待克服的巨大困难;跨国公司谋求差异化竞争优势既需要在全球范围内获取异区位的、有差异化的资源和知识,也需要在同一组织内部整合这些资源和知识。

本研究认为,企业对外直接投资能力是指企业为追求可持续发展,以对外直接投资为载体,在跨越国界的范围进行资源和知识获取、资源和知识整合配置的效率。

5. 进入模式

各个国家的企业在对外直接投资的时候如何挑选一个合适的进入模式,是企业必须做出的一项重大决策,对企业是否能够顺利进入国际化进程起到重要作用。在广义上,进入模式是以制度经济学为基础衍生出来的定义:"对国际商务活动的组织和实施进行的制度设计,这种制度设计使得企业将其人力、技术、产品、管理方法等资源向国外进行转移成为可能。"早期是使用一种非常简单的形式对对外直接投资的进入模式进行分类,例如 Agarwal 和 Ramaswami（1992）把进入模式分为合资、独资、出口、许可四个基本类型,Woodcock 等（1994）把进入模式分为收购、合资、新创等三个基本类型。而非所有的进入模式都在同一层次,因而对进入模式的多样化研究具有更加重要的研究价值。张一弛、欧怡（2001）在研究国外学者结果的基础上提出了一种新的分类方法,其将进入模式分为投资进入、合同进入以及出口三种进入模式,明确将对外直接投资进入模式与其他模式区分,指明对外直接投资进入模式是一种基于资本所有权的定义方法,将资金、技术、人力资源、经营方法和管理经验等产权转移所要投资的国家,从而该国企业占有全部或部分的所有权。投资进入模式分为绿地投资和兼并收购。绿地投资又可分为合资和独资,收购可分为部分收购和全资收购。另一种分类方法是等级分类法,通常根据属性的水平通过控制程度将进入模式分为低控制程度、中等控制程度和高控制程度三种进入模式;根据资源增长程度分为低资源增长程度、中等资源增长程度和高资源增长程度三种进入模式。本研究在对外直接投资的不同方式和股权获取的基础上,按照控制程度和资源增长程度的不同将对外直接投资进入模式进行分类,具体包括设立方式和股权结构,设立方式包括新建和并购,股权结构包括独资和合资。

2 国内外相关研究述评

2.1 企业对外直接投资战略述评

2.1.1 企业对外直接投资战略的资源能力

资源基础理论是理解企业对外直接投资战略的主流观点,即企业对外直接投资战略的本质为寻求企业资源与外部环境的匹配,使得企业处于更具优势的有利竞争位置。Wernerfelt(1984)在《企业资源基础观》中构建了分析企业多元化战略的"资源—产品"矩阵。多元化战略要解决的核心问题为在拥有的现有资源和获取新资源之间寻求合理均衡,例如,并购是获取新资源的一种途径。Prahalad 和 Hamel(1990)对企业竞争优势动态性开展深入研究,从"资源"较为宽泛的广义定义中区别出"能力"的概念,提出"核心能力"是企业竞争优势的来源。Collis(1994)、Teece(1997)等学者进而提出了内涵更丰富、概括力更强的"组织能力""动态能力"。Grant(1996)通过对企业资源和能力源泉的进一步研究,认为资源和能力的优势来源于对专业知识的整合,分享和扩散知识的协调机制促进企业建立超越市场的能力。从资源基础理论出发,可以较好地解释企业对外直接投资的动机,即对外直接投资是企业为了更有效地利用已有的资源禀赋和能力,以及发展新的资源和能力。利用已有的资源禀赋和能力视角,可以解释发达国家对外直接投资;而发展新的资源和能力,则更能解释发展中国家企业在发达国家的直接投资。

资源和能力是中国企业对外直接投资战略的逻辑起点和现实支撑。Wang 等(2012)对中国企业的对外直接投资数据进行实证,分析了市场资源、技术资源和企业能力对中国企业对外投资的影响。Klostad 和 Wiig(2012)等认为,中国企业在管理、技术和品牌等资源储备及能力方面相对薄弱,并不具有主导国际市场的所有权优势。张建红等(2010)对 1324 个中国企业的海外收购案例进行实证分析，结果表明快速积累资本的能力以及不完善资本市场所形成的特殊融资能力，使中国企业在海外并购时具有了资本优势。国际人才的缺乏是制约中国企业对外直接投资的短板，Gao 等（2013）实证表明，留学生、有海外工作经验的人士等具有海外背景的人才为中国企业带来海外的先进技术和市场信息，促进了中国企业对外直接投资。通过研究中国上市制造业企业样本，发现高管薪酬和高管持股促进中国企业对外直接投资。

所有权性质是对中国企业对外投资的重要影响因素，Hong 等（2015）研究表明，国有所有权优势更容易使企业获得政府支持，国有企业比民营企业具有更强的对外投资倾向。Cui 和 Jiang（2009）则认为国有企业的对外投资过程更有可能遭受东道国政策限制，从而降低国有企业对外直接投资的倾向性，这一假设观点在 Hu 和 Cui（2014）的实证研究中得到支持。而有实证表明，中国民营企业更倾向于战略资产型的对外直接投资。

仅考虑"企业自身优势"尚不能完全识别企业对外直接投资的优势体系，难以充分解释新兴经济体企业的对外投资，有学者因此将中国企业对外直接投资的优势框架从企业自身拓展到企业所处的母国国情层面。母国的国家能力和资源禀赋是企业竞争能力形成和对外投资的基础（Hawavini 等，2004；Wan，2005；Goldszmidt 等，2011）。杨健全等（2006）对中国企业对外直接投资进行了 IDP 检验和趋势分析，其研究结果是国内的经济发展水平决定了对外直接投资的成果；邱立成、王凤丽（2008）对中国企业 1993 年至 2006 年出口量、制造业部门工资水平等进行实证，研究发现出口、劳动力成本和资源对中国企业对外直接投资产生显著的影响；Buckley 等（2007）强调了网络能力或关系能力对中国企业对外直接投资的促进作用，与母国建立的网络联系是新兴市场跨国企业在对外投资的一种重要优势，通过对中国企业问卷调查，结论表明商业网络联系和制度网络联系对中国企业对外直接投资有正面作用；Rugman（2007）正式提出影响企业国际投资的"国家特定优势"，即国家自然资源禀赋、劳动力资源以及相关文化因素等主要生产要素，裴长洪、樊英（2010）等国内学者也对此进行了相关研究。孙月菊（2014）认为，中国国有企业具有明显的垄断优势，即对外直接投资企业主体的独有优势，同时，国情实际、历史文化也是影响中国企业对外直接投资行为的重要因素。

2.1.2 企业对外直接投资的战略动机

1. 寻求型的战略动机

战略动机是企业对外直接投资战略的先导性动因,也是企业希望通过对外直接投资实现的战略意图。Dunning(1998)提出了企业对外直接投资动机的四种类型作为基本分析框架,为学界广泛接受和应用:①资源寻求型,以获取自然资源及劳动力、土地、资本等资源要素为战略意图;②市场寻求型,以寻求市场空间扩张和市场占有率提升为战略意图;③效率寻求型,以实现全球范围内的规模经济、降低成本等资源优化配置为战略意图;④战略资产寻求型,以获取专业技术、知识、经验、管理能力等为战略意图。

在中国企业对外直接投资的初期,"资源寻求型"战略动机的范畴主要限于寻求自然资源。Buckley 等(2007)对 1998 年至 2001 年中国企业在 49 个国家的投资做了面板数据的实证分析,发现中国企业的对外直接投资受到东道国自然资源的显著影响。

随着中国企业对外直接投资的深入,一方面,"资源寻求型"战略动机的范畴向战略资产扩展;另一方面,战略动机范畴从"资源寻求型"向"市场寻求型"及全球范围内的"效率寻求型"扩展。针对中国的发展特征,学界普遍认为当前中国企业对外直接投资的动机为市场寻求型(Buckley 等,2008;Ping Deng,2009;杜凯、周勤,2010;Kolstad 和 Wiig,2012)和战略资产寻求型(Luo 和 Tung,2007;谭燕芝,2009;王凤彬、杨阳,2013;Kolstad 和 Wiig,2012)两大类。国家行政学院经济学教研部课题组(2014)和学者昝丙艳(2017)认为,解决传统产业产能过剩的问题主要应采取对外直接投资的方式,化解产能过剩是现阶段中国企业对外直接投资的主要动机;通过对外直接投资转移过剩产能有利于释放外部消费需求,有利于中国制造业走向高端化。中国的海外并购和设立海外研发中心,主要是为了从发达国家获得升级发展所需的技术资产,以弥补其国际竞争劣势,有利于进一步全球扩张。中国企业的进一步对外直接投资,其战略目的主要是开发一个全球性的业务网络和融资渠道,为成为真正的全球活动参与者做准备,同时促进国内的产业升级。

在基本分析框架下,国内学者将中国企业寻求型的对外直接投资动机进一步细分。谢康(1994)基于"资源寻求型"和"市场寻求型"两种基本的动机类型,将中国跨国企业对外直接投资的动因扩展为五种类型,即将"资源寻求型"细化为资源开发型、获得先进技术型和管理经验型、利用外资型,将"市场寻求型"细化为扩大出口型和信息服务型。中国中小企业对外直接投资的动因具体有六类,即将基于市场寻求型细分为开拓新市场、避开贸易壁垒、跟随大型企业市场国际化进程,将基于资源寻求型细分为获取融资机会、获取东道国政策的优惠红利、寻求技术支持和创新。

2. 探索型和利用型的战略动机

吴彬、黄韬(1997)首次提出企业对外直接投资的二阶段论,认为各国企业对外直接投资经历"经验获得"和"利润攫取"两个阶段,在外商直接投资(FDI)初期,企业竞争力处于劣势,如果向行业综合状态高于自身的发达国家投资,FDI项目常常在微利或者亏损的状态下经营,其投资动因为侧重于经验获得;当FDI经过一段时间探索后,企业投资动因往往转为利用已拥有的先进技术、雄厚资本、经营经验等优势,以寻求利润空间的扩张。彭磊(2004)进一步指明,新兴经济体企业对外直接投资的动态演进过程,包含早期学习型阶段和末期竞争型。刘阳春(2008)通过问卷调查分析发现,中国企业对外直接投资具有明显的向外寻求发展和寻求生存动机意图,一方面主要体现为公司扩展的动因、寻求市场和克服贸易壁垒动因、寻求自然资源动因、寻求创造性资产动因,此外还体现为利用专属优势的动因。衣长军(2010)把中国与美国、日本等发达国家进行比较研究,认为学习国外先进技术、演练和提升企业国际竞争力、优化国内产业结构是中国企业对外直接投资的主要动因。

基于分析视角从静态向动态扩展,企业对外直接投资的战略动机范畴从寻求型向探索型和利用型扩展。后来学者(Makino,2002;Cui和Jiang,2009;宋铁波、陈国庆,2010)对不同的企业投资动机类型进行了更进一步的概念整合和归类,将投资动机的概念范畴明确为两类:一是资源利用型,以既定的经济资源为外生变量,企业对外投资是以充分利用特有优势资源为战略意图;二是资源探索型,以经济资源为可变的内生变量,企业对外投资是以探索和获取资源为战略意图。

中国企业对外直接投资的战略动机受到中国经济所处阶段的二元属性影响:中国经济发展水平在全球中处于"中等"水平,中国企业对外直接投资同时兼具顺梯度和逆梯度的二元路径(刘夏明等,2016)。部分中国企业对外直接投资流向了经济水平更为领先的发达国家,其战略动机属于"资源探索型",即获取制度资源(Kang和Jiang,2012)、资本优势(张建红等,2010)、先进技术(杜群阳、朱勤颖,2004)、经验和知识(Makino,2002)等互补性战略资源,从而提升企业竞争优势(冼国明、杨锐,1998)。部分中国企业对外直接投资流向相对滞后的发展中国家,其战略动机属于"资源利用型",即利用特有优势资源,开拓新市场和优化资源配置。

2.1.3 企业对外直接投资战略的动态演进

中国经济的发展性特征,使得中国企业对外直接投资形成独有的资源能力和战略动机,决定了中国企业的国际化战略框架及其动态演进性规律。

张平(2005)总结出两种企业对外直接投资的战略路径:一是首先进入发达国家,再到发展中国家,直接同跨国企业竞争;二是先进入发展中国家,再到发达国家,走"农村包围城市"的战略路线。在进入模式的选择上,因为中国对外投资的行业多为劳动密集型或资源密集型,且中国企业对外投资起步晚,经验不成熟,所以中国企业对外直接投资的股权形式应以合资为主;因为并购可以迅速扩大企业的生产经营规模以及可快速获取人才、技术、资金和销售网络等资产,所以中国企业对外直接投资的设立方式应以并购为主。

杨海儒(2011)运用March的"利用—探索"理论,提出分别基于网络和基于国际市场导向的国际化战略。基于网络关系的国际化战略,战略动机属于利用型,强调企业关系网络能促进企业的国际化进程,其国际化所有的活动都是基于企业已有的关系网络资源。基于国际市场导向的国际化战略,战略动机属于探索型。国际化市场导向的企业寻求国外商机不依赖于企业已有的网络关系,更为强调价值的创造。

王钦(2004)从企业国际化演进历程的角度,将中国企业国际化战略的历程划为四个阶段,即"技术引进和消化吸收—产品出口—建立战略联盟—'走出去'"。渐进发展是中国企业国际化战略选择的一个显著特征,伴随企业国际化演进进程,企业国际化战略遵循以下两条路线演进:一是进入区位的演变,"国内—周边及发展中国家—发达国家";二是进入方式的演变,即"技术引进—产品出口—战略联盟—企业走出去"。

中国企业的国际化并不是优势构建后的全球扩张,更多的是获取关键资源和培育竞争优势的手段(杜凯、周勤,2010)。正是培育核心竞争能力并全面提升全球竞争优势的跨越式发展,在一定程度上超越了企业资源累积与能力内生演进的递进次序,Anderson等(2015)提出了逆向的跳板战略模式。

2.1.4 文献评述

从文献积累来看,目前与中国企业对外直接投资战略相关的研究主要集中在企业资源和能力、战略动机和国际化战略三个方面。相关理论思想多发端于西方成熟的 FDI 理论,也开始构建适宜中国发展特色的 FDI 理论,但中国企业 FDI 理论体系的构建才刚刚起步,尚未成熟。主要表现在:

(1) 在宏观层面探讨中国总体对外直接投资战略和政策的经济学分析多,而在微观层面探讨中国企业对外直接投资战略的管理学分析少。

(2) 就微观企业层面而言,在涉及中国企业对外直接投资战略的三个相关领域,较多研究中国企业对外直接投资的战略动机、企业资源和能力(优势),而较少研究中国企业对外直接投资的战略框架。

(3) 已经初步提出对外直接投资相关演进规律的动态研究视角,但对类别划分的研究较多,而对不同类别之间演进的递进次序研究较少,相关研究深度还不够。

(4) 就对外直接投资的战略框架而言,目前研究基本是将战略动机、国际化战略的类别划分与演进规律直接套用到中国企业对外直接投资战略上,尚未开展独立的"对外直接投资战略"概念定义和演进规律研究。

战略是企业经营活动的总体指导,相应的战略引导着企业对外直接投资的路径与模式。中国企业处于动态变化、发展上升的宏观环境,其对外直接投资战略也是相应动态调整和递次演进的。因此,本研究将在已有文献的基础上,进一步界定和丰富企业对外直接投资的战略框架,对中国企业对外直接投资战略的演进规律进行深刻把握,为解释和指导中国企业对外直接投资活动提供系统性工具。

2.2 企业对外直接投资进入模式述评

2.2.1 战略因素与进入模式选择

跨国企业开展对外直接投资模式选择的依据,主要为扩大盈利、追求市场地位、保持经营弹性、提升全球协同效率等战略诉求。新兴经济体企业更倾向于选择并购模式,因为资产寻求和全球战略是新兴经济体企业的主要战略动机,并购更有利于增强企业对境外投资项目和机构的控制力。在传统的国际贸易和国际合作中,中国企业很难从发达经济体企业获取核心技术。为获取技术资产,中国企业更倾向于通过并购来开展对外直接投资和海外扩张。陈浪南等(2005)指出,中国企业对外投资的主要目的是获得发达国家的管理经验和技术,利用东道国在对外投资政策上的优势，在发展中国家采取以新建和合资方式为主，是中国产业转移型企业对外进行投资的主要方式；以合资为主要方式的对外投资，从投资规模来看，中国企业对外投资主要体现在自然资源寻求模式上。从对外投资动机角度出发，分析了在获取先进技术和管理经验、寻求国外稀缺资源、寻求市场等动因下，中国企业所采取的对外投资模式。以获得市场为目的的对外直接投资，中国企业进入发达国家倾向于选择新建为主、并购为辅，进入发展中国家倾向于选择并购为主、新建为辅；以获取资源为目的的对外直接投资，中国企业进入时，倾向于选择并购为主；以获取技术和管理经验为目的的对外直接投资，中国企业进入时，兼顾选择新建和并购；以利用外资为目的的对外直接投资，中国企业进入时，倾向于选择并购为主。

Cui 和 Jiang（2009）通过对 138 家中国企业的进入模式展开问卷调查，结果发现，具有战略资产寻求型动机和全球战略动机的中国企业，选择全资型进入模式的可能性更高。吴东（2011）将战略认知要素引入企业对外直接投资进入模式的分析框架，并通过微观层面大样本分析的实证研究，检验了战略谋划因素对进入模式选择的影响显著性。李华东（2011）基于企业一切行为都是源自其战略导向要求的前提，认为战略选择决定企业国际市场进入模式和进入时机。企业战略导向对对外直接投资进入模式的影响表现为：首先，市场渗透、产品开发等市场寻求导向对模式选择的影响；其次，企业试图获取更多外部资源的资源获取导向对模式选择的影响；再次，提升企业运行效率导向对模式选择的影响；最后，类型不同的战略资产获取导向也决定了模式选择的意向。

孟玉明（2012）认为，中国企业寻求战略性资产的方法通常是采取海外并购的方式，通过收购国外企业的关键技术、品牌和营销渠道来增强母公司的优势。冯体一（2015）指出，央企对外直接投资侧重布局于第二产业，其中采矿业吸引了较多投资，反映出央企寻求能源及自然资源的投资动机；建筑及制造业的对外直接投资则有利于国内产品出口及国际工程承包合同的签订。昝丙艳（2017）认为，中国企业对外直接投资倾向于境外并购，主要来源于获得资源、市场与技术的战略动机。随着中国对外直接投资规模的不断增长和层次深入，模式也会更加多元化。研究发现，不同对外直接投资进入模式对中国制造业跨国企业生产率的影响效果存在明显差异性，绿地投资模式下对外直接投资广度的正向影响效果比跨国并购模式更明显，而跨国并购模式下增加对外直接投资深度比绿地投资模式更能促进企业生产率提升；独资经营模式下对外直接投资广度和投资深度对企业生产率的正向影响效果均比合资经营模式更显著。

2.2.2 企业资源能力与进入模式选择

基于资源投入的维度，研究企业对外直接投资的进入模式，是国外学术界的主流观点。不同的进入模式具有不同的资源投入特征（Anderson 和 Gatignon，1986；Woodcock 和 Beamish，1994）。这种投入的资源包括资金、设备等有形资源，技术、经验等无形资源和专有资产。此外，资源投入与控制强度具有内在相关性，企业选择对外直接投资的进入模式，实质是对选择海外投资项目或机构的资源投入与控制强度进行决策。由于资源是稀缺而不易获得的，对于缺乏海外投资经验的发展中国家企业而言，需要较高的资源投入和较强的控制程度才能保证对外直接投资的成功。具体而言，对外直接投资的进入模式按照资源投入维度，可分为海外设办事处（低资源投入进入模式）、境外投资分公司（中等资源投入进入模式）、境外投资设立子公司（高资源投入的进入模式）（吴东，2011）。

尹盛焕（2004）的研究结果指出了对对外直接投资模式选择产生影响的因素包括技术能力、营销能力以及财务能力。进入韩国的中国企业中，营销能力越高的企业更加倾向于选择独资经营进入模式，技术能力相对较高的企业通常选择合资经营的模式，而企业财务能力对其进入模式的选择不具有显著影响。岳中志等（2011）基于 90 家中国海外子公司样本的 Logistic 回归实证发现，在较发达国家企业的技术水平以及管理经验相对不足前提下，中国企业的多元化经营程度越大，企业所有权优势越大，越倾向于选择合资进入模式；中国企业的规模越大，越倾向于选择全资型进入模式。周茂等（2015）研究发现，生产率越高的企业对外直接投资时选择并购模式的概率越大；母国企业上游知识资产跨国流动性差异会一定程度影响生产率的选择效应；通过对生产率分解进一步发现，管理能力越强的企业明显倾向于选择并购模式。易靖韬、戴丽华（2017）研究发现，母公司对子公司的控制程度显著影响企业进入模式的选择，对并购企业的绩效产生负面影响；在母公司对子公司控制程度较低的情形下并购企业获得优于绿地投资的绩效，但随着控制程度的增加，并购相对于绿地投资的绩效优势逐渐减少。宋勇超（2017）从嵌入位置和附加值两个维度，测算中国对"一带一路"沿线直接投资企业在全球价值链中的地位，指出不同类型的企业在投资过程中的制约因素，有针对性地设计出了多样化的投资模式，即市场渗透模式、纵向整合模式、多元发展模式和共同价值模式。

其他学者还对管理层、国际化经验等其他企业资源能力的影响做了研究。

如，探讨了 CEO 任期对中国企业进入模式选择的影响，发现 CEO 任期越长，越倾向于选择高控制水平的全资型进入模式。李自杰等（2014）就新兴经济体的国际化经验对进入模式选择的影响进行了详尽分析，发现海外销售经验越丰富，企业对外直接投资越倾向于选择合资模式；高管团队的国际化学习能力越强，企业对外直接投资越倾向于选择绿地投资。张玉明、神克会（2015）发现中国企业国际化经验越丰富，越倾向于跨国并购。吕萍、郭晨曦（2015）基于中国上市公司对欧盟主要发达国家对外直接投资的数据，从所有权结构、董事会结构和管理层激励三方面研究了治理结构对企业海外市场进入模式决策的影响机制，结果表明：国有股比例较高、监事会规模较大的企业更有可能选择绿地投资；高管报酬总额比例较高的企业更有可能选择并购；独立董事比例较高的企业更有可能选择合资。

2.2.3 国家因素与进入模式选择

企业股权的国有所有权因素是国外学者从国家因素研究市场进入模式的重要关注点。研究发现，并购企业中的国有所有权比例与东道国对跨国并购的接受度呈负相关；对宁夏 125 个中小企业开展问卷调查和实证分析，发现国有所有权对企业对外直接投资进入模式的影响不明显，企业从私有渠道获取对外直接投资的资金是关键因素。

鲁桐（2000）选取的研究对象是在"China-Britain Trade Review"上的数十家在英中资企业，研究发现，中国的企业在进入英国时基本上是"新建"模式，不选择合资与并购，其原因为，中国企业尚处于国际化初级阶段，大多数企业只是通过在英国设立办事处搜集所需要的信息，海外机构优势不是很明显。许晖（2003）对在荷兰的中资企业的经营状况做了调查，结果显示，相对于母国地区差异等因素对投资模式的影响，东道国的市场方面的因素作用更大，在影响投资模式的内部因素中，跨国企业在东道国市场以及国际市场上拥有的经验比企业本身的战略导向以及企业在投资国拥有的资源对投资的影响更大。张一弛（2003）选取了中国企业 1974 年至 1994 年间对美国对外直接投资为模型，其研究结果显示，中国企业对外进行投资的模式选择有很大差异，但是，收购和兼并是最常用的两种模式。

此后，国家层面的因素研究从单个东道国的因素扩展到一般性东道国因素。李平、徐登峰（2010）对中国企业对外直接投资做了问卷调查，研究结果表明，东道国的市场发展程度对企业并购方式的选择并不存在显著的影响。蒋冠宏、蒋殿春（2012）认为，东道国与母国之间的地理距离和制度距离直接影响中国企业对外直接投资。谢孟军（2016）采用 Heckman 两阶段选择模型对中国跨国资本流动进行分析，结果表明东道国的政府治理对跨国资本的流动规模有显著影响。李康宏等（2016）研究发现，当东道国管制制度水平低于中国时，随着制度距离的增大，企业更倾向于采取合资进入模式；当东道国管制制度水平高于中国时，随着制度距离的增大，企业更倾向于采取独资进入模式。

此外，关注点扩展到对母国影响因素的考量。阎大颖（2008）采用 Logistic 回归分析的方法，其着眼于制度理论和组织学习理论，研究结果显示，如果中国企业面临着较强的制度约束，对外直接投资更加的倾向于选择合资的股权方式。通过研究中国国有企业对外直接投资的模式选择，发现国有企业往往在政治风险高但自然资源丰富的发展中国家投资，在中国国家宏观战略意图下倾向于选择并购的对外直接投资模式。郭烨、许陈生（2016）基于母国视角研究了双边高层会晤对中国在"一带一路"沿线国家的对外直接投资的影响。倪沙等（2016）采用投资引力模型来对中国在"一带一路"沿线国家的对外直接投资进行分析，发现中国对"一带一路"沿线国家直接投资同中国 GDP、沿线国家 GDP 和制度环境等因素正相关。

2.2.4 文献评述

中国目前是最大的发展中国家和转型国家，与发达国家成熟的模式相比，研究中国对外直接投资进入模式具有独特的理论意义和实践意义。借鉴国际成熟的经典理论，国内外学者对中国企业对外直接投资模式的选择动因和决策结果进行研究分析，主要表现在：

（1）已有研究多集中在中国企业对外直接投资模式的影响因素上，对模式选择的决策机制研究较少。

（2）在中国企业对外直接投资模式的影响因素上，目前研究多集中在战略动机、企业资源能力与国家因素三方面，鲜有从战略演进的角度研究。

（3）对中国企业对外直接投资模式的选择上，目前研究多集中在单因素的影响机理，将多个影响因素与模式选择纳入同一个分析框架的研究较少。

因此，在原有研究基础上进一步丰富完善理论内涵和研究纵深，将中国企业对外直接投资进入模式的影响因素、演变特征和决策选择纳入统一的分析框架，将为中国企业对外直接投资活动提供重要的理论支持和行动启示。

2.3 企业对外直接投资相关理论述评

经典的企业对外直接投资理论以国际贸易理论和产业组织理论为核心,各家理论学派在特定场景下强调某一到两种关键要素,为我们认识企业对外直接投资的战略动机、企业能力和市场进入模式选择等问题的研究,提供了企业、行业、国家及动态演进等不同的参考维度。表2-1为经典的企业对外直接投资理论的贡献归纳。

表2-1 经典的企业对外直接投资理论的贡献归纳

理论学派	考察主体	分析维度	考量的影响因素	参考文献
垄断优势理论	发达国家	企业、行业	企业垄断优势、不完全竞争行业市场	Hymer (1960)、Kindleberger (1969)
交易成本理论	发达国家	企业、国家	资产专用性、企业经营不确定性、东道国环境不确定性	Anderson & Gatignon (1986)、Brouther (2002)
国际生产折中理论	发达国家	企业、国家	区位优势、战略因素	Dunning (1977); Hill, Hwang & Kim (1990)
国际化演进理论	发达国家	企业、国家	企业国际化经验、东道国与母国的文化距离	Johanson (1975)
资源基础理论	发达国家	企业	企业内部战略性资源、能力、知识学习	Wernerfelt (1984)、Prahalad & Hamel (1990)、Grant (1996)
小规模技术理论、技术地方化理论、技术创新升级与产业升级理论	发展中国家	企业、国家、动态分析	技术创新、东道国市场、产业升级	Lall (1983)、Cantwell & Tolentino (1990)

在相关理论学派方面,垄断优势理论率先构建了以企业优势为中心的对外直接投资模式,认为利用垄断优势是企业投资进入国际市场的关键动因,企业对外直接投资选择的进入模式是根据企业自身垄断优势和非完全竞争行业市场共同作用的结果;交易成本理论是近年最有影响力的企业对外直接投资理论,

将对外直接投资的影响要素从企业内部扩展到企业外部的东道国环境，认为对外直接投资的选择是对企业内部的资产专用性、企业经营行为的不确定性及东道国市场环境的不确定性等因素权衡比较的结果；国际生产折中理论在集合多个理论基础上，认为所有权优势、内部化优势和区位优势三大因素共同促成企业对外直接投资，拓展的国际生产折中理论新增战略因素纳入分析，总结出了不同进入模式的成本特点；国际化演进阶段理论创造性地将企业经营的国际化经验、东道国与母国的文化距离作为影响企业对外直接投资的关键因素，认为对外直接投资的资源承诺程度、控制权程度随着国际化经验增加、文化距离缩小而逐渐增强；技术创新与产业升级理论、动态比较优势投资理论等发展中国家对外直接投资理论，将考察主体从发达国家转移到发展中国家，将分析视角从静态分析扩展到动态分析，认为企业对外直接投资分为不同阶段，技术创新、产业升级、动态的比较优势等因素决定了不同阶段的企业对外直接投资的战略选择和进入模式不同。

1. 垄断优势理论

Hymer（1960）开创性地提出，产业组织的结构性特征和微观企业优势是企业对外直接投资的动因，Kindleberger（1969），Johnson 和 Vahlne（1977）对 Hymer（1960）理论进行了更加深入的分析，最终形成垄断优势理论。

和传统的要素禀赋理论不同，Hymer 认为产品市场具有不完全竞争性，企业获取垄断优势，企业对外直接投资的本质是将企业在母国的垄断优势转移到国外以攫取东道国垄断利润。他指出，跨国公司在决定对外进行投资时，往往面临一系列的考验，比如汇率波动，东道国政治制度、文化传统、宗教信仰、法律法规甚至是语言习惯上的挑战，这些往往成为一个国家对另一个国家进行投资的障碍，甚至有些投资还得不到东道国的重视。这些都会在一定程度上加大企业成本。然而，跨国企业凭借在母国形成的诸如先进生产技术、通畅销售渠道、高超销售能力等垄断优势，利用不完全竞争的产品市场结构，来应对东道国的挑战，并从投资中获得高额的回报。如果一个企业的某些优势可以抵消其在东道国多付出的额外成本，这个企业就会对外进行投资，这也是跨国公司对外进行资本输出的原因所在。

Kindleberger 对企业的垄断优势进行了进一步的分析，将企业垄断优势来源归为产品市场、要素市场、规模经济和政府政策壁垒四类，具体包括产品差异、商标品牌、专利技术、管理技巧、资本优势、垂直一体化战略、关税等，并指出跨国企业为了在和国内公司的竞争中胜出，第一要做的是实现自身优势资本化，这些优势往往来自市场不完全竞争时。

Johnson 和 Vahlne 进一步分析了知识技术等垄断优势影响企业对外直接投资进入模式的理论机制，认为企业独有的知识技术和市场信息是最核心的垄断优势，进而形成差异化的产品，促进企业控制市场渠道和价格。知识产品的消费市场空间较大，具有供给弹性，具有显著的规模经济效应，企业对外直接投资时为提升子公司竞争优势，往往要对海外子公司转让企业的专有知识。

关于垄断优势理论观点的总结：是否具有垄断优势是一个企业对外直接投资的关键因素，而且这种垄断优势更多的体现在技术上的比较优势。因此，一个企业在进行直接跨国投资时，往往以垄断为目的，而非寻求投资回报效率。垄断优势理论认为，为有利于加强企业对知识产品等优势资产的控制能力，绿地新建和独资是最佳的市场进入模式。

对垄断优势理论的评价：垄断优势理论是在全球经济国际化程度不高的背景下产生的，当时国际直接投资以发达国家为主。垄断优势理论比较好地诠释了发达国家大型企业进行跨国经营的战略动机。但是，随着经济全球化不断深入，发展中国家跨国公司、中小企业等以各种各样的形式对外进行直接投资，有些具有极强技术优势的企业却没有进行对外直接投资，他们投资的重点大多选择在国内，或者仅仅通过技术输出的形式获得经济效益，这就与垄断优势理论有了很大的不同。由此可知，拥有绝对的垄断优势并不是跨国企业的充要条件。另外，垄断优势理论对企业投资进入模式研究还比较单一，对合资、并购等其他对外直接投资进入模式没有开展进一步细化的探讨。

2. 国际化演进理论

20 世纪 70 年代以后，Johanson，Vahlne 等学者开创并不断完善国际化演进理论，首次从动态分析的角度剖析企业国际化和对外直接投资，提出了企业国际化过程分为不同阶段，并对渐进的企业国际化的动态演进过程作出了解释。

国际化演进理论表明，企业国际化状态非静态不变的，而是处于动态变化过程中。国际经验是推动企业国际化规模和方式演变的动因，随着国际经验增多，企业国际化遵循特定的演进轨迹而不断推进深化。在区位选择方面，遵循地理范围由近及远逐步扩大的顺序，从地区市场到国内市场，从国内市场到国外邻国市场，再到全球市场；将国际化过程分为不定期出口、独立代理商出口、建立境外分支机构、境外许可经营生产或直接投资几个阶段。伴随国际经验增多，企业从东道国获取的信息增多，其对外直接投资越会采取更高资源承诺度和更高控制程度进入模式。

具体而言，"国际经验"内涵包括知识信息和心理距离。知识信息分为可教育学习获取的显性知识和经验积累获取的隐性知识，知识信息的程度对进入模式选择的决策产生直接影响。心理距离指的是包含语言、文化、经济、政治等因素对信息流动的影响。对外直接投资的境外区位选择倾向于心理距离与母国相同或较近的东道国。

国际化演进理论打破了企业对外直接投资理论局限于静态分析的禁锢，将动态分析范式引入企业对外直接投资理论中，但是该理论只考虑了国际经验这一孤立的影响因素，忽略了其他动态性因素。

3. 资源基础理论

资源基础理论的思想源于Penrose（1959）的《企业成长理论》，由Wernerfelt（1984）在《企业资源基础观》中正式提出，形成以资源学派思想为特征的早期资源基础理论。随后，Prahalad和Hamel（1990），Grant（1996）等学者对资源基础理论不断延展和派生，相继形成能力学派和知识学派，最终形成国际化研究领域广为接受和关注的完整理论体系。

Penrose在《企业成长理论》中，从企业的内涵界定、企业资源的异质性以及企业成长机制三方面，奠定了资源基础理论的基础思想。第一，企业是资源的集合；第二，企业的资源禀赋具有异质性特征，即企业资源在构造、投入或利用某方面存在不同；第三，企业发展的动力源于资源禀赋的不平衡。总之，企业成长的本质，是不断发掘资源利用价值的动态过程。Wernerfelt进一步将企业的资源内涵拓展，指出资源基础理论中的企业资源，不仅包括劳动力、资本等传统经济学范畴的生产要素，而且包含任何影响企业优势的机械设备、工艺流程、技术、商标等各种有形资产和无形资产，并且拥有的资源优势可形成"定位壁垒"保障企业占据有利竞争位置。Wernerfelt还构建了分析企业多元化战略的"资源—产品"矩阵，指出多元化战略要解决的核心问题为在拥有现有资源和获取新资源之间寻求合理均衡，例如，并购是获取新资源的一种途径。

Prahalad和Hamel对企业竞争优势动态性开展深入研究，从"资源"较为宽泛的广义定义中区别出"能力"的概念，提出"核心能力"是企业竞争优势的来源，即从长期来看，企业竞争优势来源于以更低的成本、更快的速度生产产品的能力。随后，Collis（1994），Teece（1997）等学者进而提出了内涵更丰富、概括力更强的"组织能力""动态能力"，最终能力学派成为资源基础理论中的派生分支。Grant等学者通过对企业资源和能力的源泉进一步研究，认为资源和能力的优势来源于对专业知识的整合，提出分享和扩散知识的协调机制来促进企业建立超越市场的能力,从而在资源基础理论中派生出知识学派。

从资源基础理论出发,可以较好地解释企业对外直接投资的动机,即对外直接投资是为了企业更有效地利用已有的资源禀赋和能力,以及发展新的资源和能力。利用已有的资源禀赋和能力视角,可以解释发达国家对外直接投资;而发展新的资源和能力,则更好地解释了发展中国家企业在发达国家的直接投资。资源基础理论视角下,对企业FDI战略与进入模式选择的主要依据则为寻求企业资源与外部环境的匹配,能使得企业处于更具优势的有利竞争位置。

4. 发展中国家的对外直接投资理论

无论是早期的"垄断优势理论",还是"交易成本理论""生产折中理论""国际化演进理论",均以发达国家的优势企业作为研究对象。但随着国际经济形势的不断变化及新兴经济体的崛起,发展中国家企业在国际投资中的主体地位日益凸显,之前的经典理论局限性也逐渐显现。由于发展中国家的经济发展水平和规模不一,发展中国家的对外直接投资在驱动因素、动因、目的、竞争优势、行为特征等方面都存在差异性,因此学界相应出现了各具特色的理论学说,对中国企业对外直接投资提供了更为契合的启示。

根据"小规模技术理论",将发展中国家国际企业的市场情况和竞争特点相结合,利用低成本和细分市场规模效益建立优势,为发展相对落后的国家的企业对外直接投资提供了理论基础和实践启示。对于发展中国家来说,小规模技术理论带来了比较优势,主要表现在小规模生产技术能够带来低成本优势,具体表现为以下三个方面:一是对于劳动密集型的企业,小规模生产技术由于其自身具备为小市场服务的特点,所以能使该类企业在细分市场上获取规模效益,发展中国家的跨国企业正是通过不断挖掘小规模生产技术,从而在竞争中获得最大利益。二是源于"民族纽带性",发展中国家通常着眼于种族团体产品的海外需求建立自身的比较优势,利用传统品牌以及母国资源节约生产成本,从而在侨民分布的国外市场快速发展。三是发展中国家跨国企业的管理费和营销成本相对低,因此在营销上亦采用低价占据市场的营销策略。低价营销、供给物美价廉的商品是发展中国家跨国企业抢夺市场份额的重要武器与提高竞争优势的重要支柱。

Lall(1983)提出"技术地方化理论",说明了发展中国家的跨国企业对外直接投资具有独特优势的原因:一是发展中国家企业为了使自己的产品能够在市场上占有一定的份额,通常会对技术和产品进行某些方面的改革和创新,即对引进技术进行消化、吸收和改进,从而形成特有竞争优势。二是发展中国家通过利用其自身有利的生产条件与本地的供需相联系,这种创新活动能够为小规模技术生产企业带来经济收益。三是从产品的特性来看,发展中国家企业很难拥有品牌产品,但可充分利用其较大的东道国消费市场、消费者的购买力,开发出与需求相对应的消费品。四是得益于自然、文化、政府等助力,上述优势能够更充分地服务于其他发展中国家。综上所述,发展中国家企业并非一直处于弱势,只要能够充分发挥自身特长,就极可能拥有对外直接投资的独特优势,即使处于较低的技术水平。这不仅适用于发展中国家的企业对外直接投资进入其他发展中国家市场,有时在某种环境、文化等背景下进入发达国家市场也能发挥适量作用。

Cantwell 和 Tolentino(1990)提出"技术创新与产业升级理论",该理论的创新之处在于将发展中国家对外直接投资活动进行阶段性动态演绎。他们的研究结果指出,国内的产业结构和技术创新是发展中国家跨国企业对外直接投资的主要影响因素;其技术能力的提高主要依赖于对外直接投资的累积增长。国际生产活动的决定性因素通常表现在内在活动的技术积累,同时表现在其对外直接投资的形式和效果上,即一方面积累经验可达到目标,另一方面增加研发投入可达到目标。技术能力的提升以及产业结构的升级,对发展中国家跨国企业对外直接投资的地区分布及产业分布具有重要的影响。从经营地理位置分布来看,"心理距离"包括文化、语言、习惯等逐渐成为发展中国家跨国企业发展的障碍,循序渐进,就近投资,逐步发展;从产业分布来看,发展中国家投资企业在进行对外直接投资时先是以自然资源为重点的纵向一体化发展,随后发展到以进口替代和出口导向为重点的横向一体化发展。

总之,小规模技术理论、技术地方化理论、技术创新升级与产业升级理论等,考察的主体都是发展中国家,而且更为注重动态化分析。然而,对于中国企业对外直接投资的理论解释和现实指导,发展中国家对外直接投资的相关理论在解释中国企业对发达国家反向投资、制造业的大中型企业对外投资状况等方面具有一定局限性,需要对中国企业对外直接投资的动态演变、竞争优势来源和市场进入模式等问题进行深入研究,得出更为细化的指导理论。

3 企业对外直接投资的宏观环境

宏观环境是企业战略分析的起点，也是影响企业对外直接投资行为的外部条件。本章在梳理和分析中国制造业企业对外直接投资发展历程和现状基础上，分析母国宏观环境对企业对外直接投资的影响因素，归纳总结中国制造业企业对外直接投资国内环境现实状况；结合制造业全球化发展带来的机遇和国际环境不确定性带来的挑战，分析中国制造业企业对外直接投资的当下国际环境。

3.1 企业对外直接投资的发展历程与现状

3.1.1 企业对外直接投资的历程

中国制造业企业对外直接投资的发展历程几乎与改革开放同步，自 1979 年国务院提出"出国办企业"，中国政府开始将鼓励企业的对外直接投资作为一项重大的基本国策。以后的几十年里，中国制造业企业的对外直接投资发展历程可分为六个阶段。

1. 第一阶段（1979—1984 年）：起步探索阶段

1979 年，国务院颁发十五项改革经济的新措施，其中作为对外开放政策的第十三项率先吹响了要"出国办企业"的号角，中国政府首次把对外直接投资这一经济国策以文件的方式确立下来。在国家战略意志的推动下，船舶工业总部等大型制造业国企相继在境外开展投资以及合资的项目，自此拉开中国制造业企业对外直接投资的序幕。国家因素主导这一时期的对外直接投资，所有在境外的投资项目必须向国务院申报获得审批后才可以实施，只有部分国有企业以及各省或者直辖市所属的经贸合作企业被允许开展对外直接投资，在 6 年的时间里，共计 113 个项目最终获得审批，对外直接投资总额累计约 3.06 亿美元，年平均投资额是 5.1 千万美元。在这一阶段，中国制造业企业的对外直接投资尚处于探索状态，主要目的是扩大中国与世界各国和地区的进出口与贸易，投资方式为创办大型专业贸易公司，投向中国香港、美国纽约、英国伦敦、法国巴黎、日本东京及新加坡等有限的国家和地区。由于企业缺乏国际化经验，对外直接投资的数量不多、规模小，对外直接投资的非连续性和非系统性特征明显。

2. 第二阶段（1985—1991年）：加快推进阶段

1985年，国家外贸部制定了《在国外开办非贸易型企业审批管理办法》，制造业企业海外投资的审批权限和手续流程得以下放和简化，此外，政府还专门通过为企业提供技术和贷款方面的支持，以及有关单位业务培训的开展等，来帮助和鼓励缺乏经验的企业提升对外投资业务的技能，由此加快了制造业企业对外投资的步伐。在此期间，全国有895家境外投资企业获得设立，实现了近51亿美元的投资总额，制造业企业对外直接投资的数量相应增加，规模有所扩大，海外分支机构、办事处等纷纷建立起来。在此阶段，中国对外直接投资主要发生了下面几个方面的变化：首先是投资主体上的变化，也就是投资主体开始由原来的国有企业向非国有大中生产企业发展；其次，投资领域也开始得到了很大的扩展，开始从生产加工装配、技工贸融合等项目向资源的开发、产品的加工制造、交通运输等领域扩张。

3. 第三阶段（1992—1998年）：稳定调整阶段

1992年后，国内经济一直处于快速扩张中，全国宏观经济整体呈现出物价上涨过快、投资结构不合理等过热现象。在此背景下，一方面，政府开始采取偏紧的宏观调控政策，中国对外投资实行了严格的审批政策，此前一些盲目投资的企业和借对外直接投资之名抽逃资金的企业受到整顿，特别是对投资金额大于100万美元且私人的对外直接投资项目全部被禁止，并对各地方和各行业已经在海外投资的企业进行重新登记，因此，中国对外投资开始步入管理调整的特殊时期，中国企业的对外直接投资速度变慢。

另一方面，此时的中国市场经济已有了初步的发展，引进的外资也对国内企业产生了技术和管理外溢效应，在家电制造业、汽摩制造业等国内供过于求的行业率先产生了万向、海尔、TCL、长虹、格力等第一批有市场竞争优势的制造业企业。正是这批中国早期的市场型企业，在国内市场饱和的压力下成为这一阶段的对外直接投资主体。这一时期对外直接投资的区位选择以发展中国家为主，投资目的为利用发展中国家的廉价资源以转移产能、拓展市场空间，同时，以海外投资的"曲线出口"方式绕开西方国家反倾销诉讼的贸易壁垒。

4. 第四阶段（1999—2001年）：实施"走出去"战略阶段

1999—2001年是中国开始思考并最终实施"走出去"战略的发展阶段。

1999年初，国务院颁发了《关于鼓励企业开展境外带料加工装配业务的意见》，中国开始了实施"走出去"战略。2001年，国家的"十五"规划再一次把"走出去"战略重新定义和规划。在此阶段内，中国的对外直接投资有了较大的飞跃，取得重大的突破，并进入了中国改革开放后对外直接投资数量最多及程度最高的阶段。同时，为鼓励中国企业对外投资更加规范化，中国政府开始关注并实施相应的举措去制止以非法资本转移、投机倒把为目的的投资。而对于一些特殊行业的对外直接投资，政府则采取一些诸如出口退税以及援助等的优惠举措来发展其产品出口；尤其是在一些相关原材料、电子设备、机械制造及零部件等产品的出口上，政府还提供相应的对外财政上的支持。

虽然该阶段中国企业的对外投资仍以国有大中型企业为主，但是随着一些私有以及民营企业的迅速融入，中国企业的对外投资市场越来越丰富，跨国投资更加积极稳妥。到2001年末，境外由中国企业建立的非金融类分支机构已有8000多家，总投资额达到132亿美元，中方的总投资额近100亿美元，投资区域已广泛分布于160多个国家和地区。从中国对外直接投资所涉及的行业来看，中国企业的对外直接投资已开始从扩大贸易型投资向资源开发以及生产制造领域的投资扩展，截至2001年底，中国生产制造领域的对外直接投资占比约40%，中国在全球价值链的国际分工地位逐渐升级。

5. 第五阶段（2001—2006年）：国家战略推动阶段

在这一阶段，中国企业的对外直接投资环境已发生了重大的变化。中国加入WTO后，中国的国际化进程进入全新时期。加入WTO既给中国企业带来了进入广阔国际市场的发展机遇，同时伴随着原本受政府保护的一些行业及市场开始逐渐向竞争对手开放，给国内各行业带来巨大的升级挑战和竞争压力。正因为国内市场竞争压力的加大，许多中国企业迫切需要"走出去"开拓新的国际市场。2002年，党的十六大报告中再次将"走出去"战略上升为中国的重要国策，中国国际化进入了"走出去"和"引进来"双向并行的深化推进时期。从宏观数据来看，中国的外汇储备量自2002年开始每年稳定增长，政府也逐步放开外汇的使用，不断改革简化企业对外投资审批程序，中国企业对外直接投资的资金来源充足，政策更为宽松；在2005年中国汇率制度改革后，人民币升值也大幅降低了中国企业对外直接投资的成本。在这个阶段，超过50%的中国对外投资主体为制造业企业，2003—2006年，中国非金融类对外直接投资年均增速达60%；此外，制造业企业并购项目数量居于首位，跨国并购取代新建投资成为中国制造企业对外直接投资的主要模式。

6. 第六阶段（2007年至今）：全面发展阶段

在"十一五"规划中，中国政府再一次要求为企业进行海外投资创造条件，并且将优势产业作为重点发展对象，通过跨国间的并购、重组联合等方式来培养中国跨国公司，以进一步扩大中国企业在境外资源上的合作与开发。在大力支持中国企业走出去参与境外基础设施的建设上，中国政府为企业开展对外直接投资颁布了大量的措施，比较典型的如由国家开发银行投资的中非发展基金有限公司；由国家税务总局颁布的一些中国企业对外直接投资的指导文件和意见以及国别导向目录，并修改了一些对外投资的政策性文件，使得对外投资审批程序更加简化、便利和完善。在2008年，尽管金融危机伤及全球，但作为受金融危机影响较小的中国企业则趁此机会加大了对外直接投资的速度。在"十二五"规划中为了引导各类所有制企业更加有序参与海外市场投资，中国政府明确提出要按照市场导向以及企业自主的原则来解决市场经济上出现的各种问题，通过对各个投资项目的评估来改善各部门间的协调机制。在法律法规角度，通过签订投资保护等双边协议，以及海外投资法律法规的完善等，来防范各种风险以维护中国企业在海外的权益。在"十二五"期间，对外直接投资的快速实施标志着中国对外直接投资已经进入一个新的时期。

虽说中国人均国内生产总值（GDP）水平不高，但从引进外资和对外投资相近来测算中国国民生产总值（GNP），据邓宁的投资发展理论可知，中国已达到了发达国家的水平，对外投资正处于第四阶段。自2007年以来，中国对外直接投资流量连续近10年持续增长，截至2016年，中国对外投资总量达1830亿美元，成为全球第二大对外投资国，是2007年的6.9倍，呈现"重点集聚、全球覆盖"的发展趋势。在投资区位上，中国海外投资主要集中在亚、欧及美洲地区，中国非金融类海外投资覆盖全球164个国家和地区的7961家境外企业。制造业企业始终是中国对外投资的第一大主体，中国制造业企业通过对外投资不断向价值链上游延伸，并扩大全球版图，增强国际竞争力。一方面，在发展中国家和地区建立境外工厂和制造基地，大型制造业企业利用当地廉价的劳动力和自然资源，追求低成本优势和规模产能；另一方面，大型高新技术企业对外投资开始拓展到发达国家，主要是依托当地健全的法律制度和成熟的市场环境，获取先进技术以及市场的高利润率。

3.1.2 企业对外直接投资的现状

1. 中国企业对外投资总体情况

根据商务部发布的数据，2016年，中国企业对全球164个国家和地区进行了非金融类直接投资，涉及796家境外企业，投资总额达1701.1亿美元，同比增长44.1%；实体经济和新兴产业在对外投资行业中的比重进一步提升，对制造业的投资总额为310.6亿美元，制造业投资比重上升6.2%至18.3%①。中国与全球化智库发布的《2016—2017年中国企业对外投资十大趋势》显示，从投资区域来看，2016年中国企业海外投资主要集中在欧洲、北美和亚太地区；从国别来看，中国企业对美国投资依旧热情高涨，2015年，中国对美直接投资首次超过美国对华投资；2016年，中国对美直接投资达460亿美元。从投资主体来看，投资主体呈多元化发展，中小规模的民营企业海外发展活跃；从投资领域来看，制造业海外投资势头依然强劲，中国"智造"输出成亮点。其中，制造业占海外总投资的比重在三分之一以上；从投资方式来看，中国企业海外投资主要以跨国并购为主，绿地项目为辅。2012—2016年，中国企业跨国并购案例数有增无减，2016年再创新高，达到772起；而中国企业在海外的绿地投资数目有所下降。中国企业呈现出更主要是寻求转型升级的特点②。总体而言，与发达国家的跨国公司相比，中国企业的国际化历程尚短，在全球的价值链中层次不高，中国的全球性公司还很少，中国企业全球化发展进程任重而道远。

2. 中国制造业企业对外投资发展特征

（1）发展中国家仍是中国制造业企业对外直接投资的主要对象。对发展中国家的投资是目前中国制造业企业对外直接投资的主流方向，中国对发展中国家投资又以亚洲、非洲和拉美为主要目的地。从中国对拉美直接投资情况看，矿产品及制造业是最活跃的投资领域。中国企业对制造业的境外投资主要是推动中国技术成熟的工业制成品与当地市场需求适应，具体涉及制成品领域为轻工、纺织、机械设备、电子信息产品等。中国企业通过对外直接投资将制造业成熟的技术优势与发展中国家的技术需求及市场需求相结合。

（2）对发达国家FDI有着明显的上升。以美国为例，2015年中国企业在美国投资总额达482.67亿美元，较2014年同比增长94%；在2016年上半年，中

---

① 孙韶华：《去年中国对外投资增44.1%》，载《经济参考报》，2017年1月17日第3版。
② 齐小乎：《中国企业对外直接投资流量连续10年增长》，载《中国财经报》，2017年8月8日第3版。

国企业对美国投资占比近20%，其中，高端制造业是中国企业在美国投资的热点，海尔55.8亿美元并购美国通用电气公司等重大项目引领中国对美投资走向高潮。通过在美国等发达国家投资，中国制造业企业深度参与全球产业链的整合。在中国对发达国家的直接投资中，对传统优势的劳动密集型产业投资以新建为主，对高技术产业投资以并购为主。

（3）民营企业快速崛起。随着中国制造业企业"走出去"国际化进程的不断深化，民营企业在对外投资的主体中占比快速提高，成为中国对外直接投资的新亮点。工业和信息化部于2016年6月发布《促进中小企业发展规划（2016—2020）》，鼓励民营企业积极拓展海外市场。根据中国与全球化智库（CCG）公布的并购数据，2016年上半年，中国民营企业海外并购290宗，披露的并购金额1094.2亿美元，分别占比达64%和36%。在中国制造业对外直接投资中占据主导地位的民营企业类型，主要是有明显比较优势行业的民营企业、自然资源加工类行业的民营企业、在技术和研发创新上拥有国际竞争力的民营企业，如华为、海尔等。

3.2 企业对外直接投资的国内环境

3.2.1 母国宏观环境的影响因素

1. 理论假设

根据相关理论和经验，提出母国宏观环境对企业对外直接投资的影响因素假设。

（1）母国经济发展水平。依据投资发展周期理论，一个国家的经济发展水平与该国对外投资有正向相关性，后来大量研究人员也通过理论研究分析了经济水平与对外投资之间的关联。Tolentino利用24年时间对30个国家的对外投资进行研究，研究结果再次证明了对外投资与该国经济水平呈正相关。近年来中国经济发展速度引领全球，为全球经济复苏作出了应有的贡献。一般来说，母国经济水平和国内市场情况直接决定了对外投资的成功与否。国内学者对于这一关系进行了反复的证明。

（2）进出口贸易。一般而言，进出口贸易对对外投资会产生两方面的作用：第一，贸易替代作用，即进出口贸易对对外投资产生副作用；第二，互补作用，即贸易对对外投资产生积极作用。

(3) 经济持续高速增长带来的母国优势膨胀。中国经济经历了 30 年高速发展，大量的外商投资被引进国内，很大程度上促进了经济的高速增长。经过几十年的积累，中国已经由一个经济发展水平很低的国家发展到一个全球外汇储备量最多的国家。中国的对外投资企业可利用国家强大的母国优势在全球范围内生产自己的产品。

(4) 中国经济开放的程度迅速提高和加快。一个国家或地区的经济开放程度是进行对外投资的主要因素之一。一般来讲，经济越开放的国家，对对外资本流动的管控越少。一个国家的经济持续发展，才有可能开展对外投资。对封闭经济体来说，开放经济体往往在经济发展中速度更快，能取得更多的经济利益，这样才有多余的资金进行对外投资。中国作为经济大国，已成为全球经济的主要参与者和贡献者。在世界经济全球化的过程中，中国提出和实施了"走出去"战略，对外投资也获得了相应的发展，中国对外投资规模已经开始不断扩张和膨胀。

(5) 政府政策支持。中国特色的社会制度对对外投资活动有重大的决定作用。过去的几十年里，由于中国的改革开放政策，大量的外资源源不断地流入国内，对中国经济起到了重大的推进作用；新世纪以来，中国提出了"走出去"战略。随着"走出去"战略的进一步实施，在国家层面上，中国颁布了大量支持和鼓励对外投资的政策法规，这些政策对中国对外直接投资战略的实施起到了重要的推动作用。

(6) 中国对外商投资的吸引和利用。吸引外资是中国启动改革开放、参与全球化的重要方式。联合国文件《世界投资报告（2016）》表明，中国是 2015 年吸引外商投资流入最多的国家之一。

2. 实证分析

1) **模型设定**

根据理论假设，初步设立如下经济计量模型：

$$\ln OFDI_t = \ln OFDI_{(t-1)} + \ln GDP_t + \ln ENER_t + \ln FDI_t + \ln EXPIMP_t + \ln GNP_t + \ln TRADE_t + \ln EXCHRES_t + \mu_t \tag{1}$$

其中，参数 t 为时间，OFDI 为年度中国对外直接投资流量数值，GDP 为年度中国国内生产总值，ENER 为年度能源使用量，FDI 为年度中国对外投资净流入，EXPIMP 为年度中国进出口贸易总额；GNP 为年度中国人均国民收入水平；TRADE 为年度中国对外贸易依存度，EXCHRES 为年度中国外汇储备规模；μ_t 为满足假设条件的误差项。

2）变量选择

中国的经济发展水平（GDP）：根据邓宁的 IDP 理论，一个国家的对外直接投资与该国的经济发展程度有着密切关联。当该经济发展处于低层次阶段时，基本上不能从事对外投资活动，随着该国经济水平的提升，该国的对外直接投资活动将不断扩大。从 2006 年中国人均 GDP 达到 2000 美元后，中国已经进入对外直接投资发展的新阶段，对外直接投资规模和程度不断扩张。

中国的能源消费水平（ENER）：根据世界银行报告的定义，用能源使用量作为衡量中国能源消费水平的变量。能源使用量等于能源的国内产量、存量变化量与进口流入量的总和，减去出口流出量和国际运输消耗的燃料用量值。

中国外资利用情况（FDI）：使用对外直接投资净流入作为变量来进行实证验证。对外直接投资净流入是指国外投资者取得国内企业永久性管理权益（10%以上表决权）所做的投资净流入，且按美元计算。

中国进出口贸易情况（EXPIMP）：使用各年度中国进出口贸易总额作为衡量中国进出口贸易情况。

中国人均产出水平（人均 GNP）：以 2000 年不变价格为基础计算。

中国的经济开放程度（TRADE）：采用中国对外贸易依存度对经济开放程度进行实证检验。对外贸易依存度即进出口贸易总额在国家 GDP 所占比重，可反映一国对于国际市场的依赖情况和经济开放程度。

中国外汇储备情况（EXCHRES）：采用中国外汇管理局公布的历年外汇储备额及人民币兑换美元的比例作为衡量外汇储备情况的变量。

3）数据来源和参数

根据数据可得性原则，使用 1992—2015 年度中国企业对外直接投资的资料数据，其中，1992—2002 年度的对外投资流量数据取自联合国贸易会议数据库，2003—2015 年度的对外直接投资流量数据取自《中国对外直接投资统计公报》。GDP 总量、能源使用量、中国外商直接投资额、中国进出口贸易总额、中国对外贸易依存度及中国的劳动力成本等变量的数据参考《中国统计年鉴》，中国外汇储备规模的数据来源于中国外汇管理局网站。

4）回归方法的解释

该样本数 N 为 27，待估参数为 8 个（包括因变量的滞后期等），若采用传统最小二乘法进行回归分析可能产生偏估计。文中采用偏最小二乘法（PLS）进行实证分析研究。此方法集中了主成分分析、典型相关性分析，并集成了普通最小二乘法的所有优点。该方法可很好地降低多重共线性的问题，从而大大提高回归准确性。

设有因变量 Y 和 P 个自变量，t 个观测值，X 为自变量。为了普遍适用性，文中所有变量均以标准化方式表示。首先，仅设单一因变量，在这里只需要得到自变量 PLS 成分个数 t_1（t_1 为自变量的线性组合），要求 t_1 更多地反映 X 的信息，且 t_1 和 Y 的相关程度为最大。其次，分别利用 X 和 Y 对 t_1 进行回归，从决定系数、回归系数检验和提取成分对各变量的能力进行模型评价分析，如果结果符合要求，则停止运算，不然继续提取 PLS 成分个数，直到满足回归结果要求。对于 PLS 成分个数确定，这里既要确保模型有较好精度要求，又要确保克服多重共线性。文中采用精度验证方法来分析 PLS 成分个数。精度验证方法是据 P 大于 0.1 来确定 PLS 成分个数的方法，对于残差的平方和（PRESS）不是最小值，但同最小值非常接近。

5）回归结果分析

第一部分：PLS 成分个数。

第一，根据相关性分析讨论，分析得出自变量之间存在较大关联，同时证明变量之间存在特殊的多重共线性。第二，文中选取精度验证方法得到 PLS 成分个数（表 3-1），可证明结果均来源于 SAS 软件的回归分析。

表 3-1 PLS 成分个数的百分比和精度验证分析

成分数量	自变量的百分比		因变量的百分比		精度验证	
	百分比数	总百分比	百分比数	总百分比	PRESS 均方根	P 值
1	88.56	88.56	98.93	98.93	0.13	<0.0001
2	5.03	93.59	0.40	99.33	0.11	<0.0001
3	4.08	97.67	0.18	99.52	0.09	<0.0001
4	1.17	98.84	0.12	99.64	0.09	0.001

注：$N=27$，F 统计量 =4738.31，调整的 $R^2 = 0.99$。

精度验证方法是当 P 大于 0.1 的情况取得 PLS 成分个数，这时对应的 PRESS 的最低限度应小于其最小值，从而确保消除其共线性来提高回归准确性，同时也可避免过多的组分破坏统计趋势而得出错误结论。取 3 个 PLS 组分时，所得的组分就能反映总体特点信息。从调整后得到的 R^2 值和 F 的检验分析，回归方程拟合效果良好。这里可利用所得的 PLS 组分，建立因变量、自变量之间的线性回归方程，得其标准化回归系数（表 3-2），其中从经济意义上看，标准化回归系统与传统回归系统有相同之处，它们不但消除了原始数据量纲影响，也消除了原始数据的离散程度不同所产生的不同影响。

表 3-2 PLS 回归结果

变量	回归结果
lnPGNP	-1.36** (-4.13)
lnGDP	1.08*** (3.83)
lnENER	4.76* (1.89)
lnFDI	0.03** (-3.32)
lnEXPIMP	-0.11 (-0.03)
lnTRADE	11.29** (2.55)
lnEXCHERS	10.63*** (3.41)

注：括号内为 t 值的绝对值。显著水平：* 表示 10%，** 表示 5%，*** 表示 1%。

第二部分：PLS 回归结果。

参数显著性检验显示，除中国进出口贸易总额对中国对外直接投资的影响不显著以外，其余变量均具有不同程度的影响。回归模型中进出口贸易额和人均国民收入系数为负，说明中国的进出口贸易总额和国民人均收入与中国对外直接投资规模呈负相关。而 GDP 总量、能源使用量、外国直接投资净流入、对外贸易依存度、外汇储备回归系数为正值，说明它们与中国对外直接投资均呈现正相关。具体回归结果分析如下：

lnENER 表示能源的使用量每增加 1%，对外投资规模相应增 4.764%，两者呈现正相关。中国能源需求近年来增长迅猛，寻求国外自然资源丰富区域开展投资增速不减。依据 2014 年颁布的《中国对外直接投资统计公报》，到 2014 年末中国非金融国际公司前四位是中国移动、中国石油、中国石化和中国海洋，以上公司大多为能源行业企业；对投资存量进行排名，前一百位中资源开发企业就占 40%。由此可知，对于能源的需求给对外投资带来了积极影响。

lnFDI 表示外国净流入的投资，其回归系数虽然数值较小但其符号为正，说明外资流入与对外投资呈正相关，这与先前假设不谋而合。对于回归系数的符号为正：其一，中国本土企业可以通过外资的引进学习和效仿先进的技术和管理方法，从而提升企业的竞争力，为企业后续国外投资活动提供重要的技术储备和经验累积。其二，引入外资使原有投资环境有所变化，加剧国内的市场竞争，对本土企业的国内投资的紧迫感和竞争感有所加强。总之，外资流入对中国企业的对外直接投资也有重大的积极作用。

lnEXPIM 为进出口贸易总额，回归系数符号为负，提示外贸总额每增加 1 个百分点，对外直接投资将下降 0.11 个百分点，即二者呈负相关。但该指标不具备统计显著性，也间接说明一国进出口贸易总额对于其对外直接投资的影响是不确定的。

lnGNP 为人均国民收入，其回归系数为负说明中国的劳动力成本与对外投资负相关。该结果说明中国企业开展对外直接投资流量的增加可能与劳动力成本的上涨有关联。

lnTRADE 为对外贸易依存度，其回归系数为 11.29，表明贸易依存度的提高对于对外直接投资具有显著的促进作用，企业对外投资重点考量国际贸易的规模和程度，这些结论与理论假设吻合。

lnEXCHRES 代表的外汇储备的回归系数为 10.63，外汇储备与对外投资正相关。外汇储备持续增长为国内企业进行对外投资活动提供了充分的资金保障，鼓励企业走出去的战略得以长足发展。

综合以上研究结果，企业对外直接投资的母国宏观环境因素中，不仅包括传统经济因素的影响（例如 GDP、人均国民收入、进出口贸易额等），还包括新经济因素的影响（例如企业技术水平、能源需求等）。

3.2.2 对外直接投资的国内环境

1. 中国制造业企业参与国际竞争具有较好的比较优势

（1）中国具有安定的国内政治环境。

改革开放以来，中国进入了一个良好的发展时期，国家建设取得了巨大的成绩，一个极为重要的因素就是，中国的政治制度能够调动国民的积极性和创造性，全国各族人民团结，在中国共产党的领导下积极进取和共渡难关，并能促进社会的稳定，为社会经济的可持续发展建立了安定的政治环境，使得国家政策得到正确执行，使得人民群众的生活得到全面保障。中国的政治制度基于人民群众切身利益，在统筹兼顾社会各个阶层及群体利益的基础上，努力实现各类利益最大化，并及时化解各类社会纷争，使得个人利益与整体利益之间得到协调发展。当前中国所实行的民主政治制度是中国共产党在 50 多年的实践中不断地总结与完善得出的，并随着中国社会发展和时代变迁发生了适度的改变和调整，可以说维护中国大局稳定是社会经济发展战略目标得以实现的一个特别重要的前提条件。

（2）中国具有发展对外直接投资的雄厚经济基础优势。

改革开放 40 年来，国家经济持续向前发展，经济实力和综合国力得到了明显提高，积累了大量的社会财富，这些都在很大程度上为中国成为世界经济强国做了充足的准备。中国 GDP 在改革开放之初约为 3624 亿元，在 2016 年达到了 74.4 万亿元，是改革开放之初的 205 倍，总量居全球第二，稳居发展中国家第一；截至 2016 年底，中国居民储蓄率仍居全世界第三，外汇储备量全球第一，当前环境和条件下，企业对外直接投资的资金来源充裕。根据瑞士 IMD 颁布的《2016 年 IMD 世界竞争力年度报告》，中国香港和内地的经济竞争力排名分列全球首位和 25 位。此外，政府也在为进一步推进中国的改革开放，对中国的服务监管体系作进一步的完善及补充，并着重发挥市场配置特殊作用，很大程度上刺激了企业对外投资的主动性。

（3）中国具有发展对外直接投资的独特社会和文化方面优势。

社会的和谐稳定是国家推动中国现代化建设的重中之重，稳定和谐的大局是当前国家最大的政治。中华文化是一个开放的系统，在发展的过程中不断地与外来文化包容的过程中成长起来，"以和为贵"和"与邻为善"等思想深入人心，中国在解决国际政治和经济纠纷时采用沟通和协调等手段，通过外交和对话来解决各种冲突。中国致力于构建人民安居乐业、文化百花齐放的和谐社会，这些都是中国在政治、经济和军事等之外的软实力体现，也是企业对外投资的社会和文化优势。

（4）中国有开展对外投资的技术后发优势。

经过几十多年的发展，在引进外资以及技术的贸易过程中，虽然中国的科技发展水平落后于发达国家，甚至也落后于一些新兴的发展中国家，但在这个过程中中国从发达国家引进了大量先进技术，并经过进一步的学习和模仿，中国已从对外投资中学习到大量的先进技术并通过技术改进和革新，在一些高科技方面已有一定技术优势和在某些行业技术方面已经处于国际领先水平，这为中国制造业企业在对外投资中处于主动地位奠定了坚实的基础。

（5）中国具有发展对外直接投资的人力资源比较优势。

中国有极其丰富的人才资源，特别是高素质人才。高等院校以及大量的科研院所培育了许多较高素质的人才，这为中国对外直接投资创造了充足的高素质人才根基。经过多年的引进外资及对外直接投资，中国企业在运营过程中学习到了国外大量先进技术及管理方法，同时也培养了一批又一批的具备跨国视角和实战经验的国际化人才。此外，可以利用遍布全球各地的华人获得各种项目信息,进一步为中国企业进入目标国市场提供帮助。

(6)中国的国际竞争力提升了制造业企业对外投资的信心。

经过40年的改革开放,中国制造业企业的整体实力、国际化能力以及国际排名都得到了不同程度的提高,为企业对外投资提供了条件和保障。在过去30多年发展中,中国制造业以低成本、低价格和大规模产能形成制造品国际竞争力,迅速扩张产能和市场份额。1979—2012年,中国货物出口年均增长20%左右,中国快速成长为世界最大的制造业基地。据德勤发布的《2016全球制造业竞争力指数》,2016年中国制造业竞争力排名第一。在政策导向下,中国制造业企业的对外直接投资逐步实现了多样化的发展:降低成本、开发资源、学习先进技术经验和消除贸易壁垒,等等。在这个过程中形成了一大批具有丰富投资经验的大型跨国公司,并日益发展成国际化并购的主要力量,2016年,制造业并购项目共有197起,成为中国对外投资的亮点,在有些并购案例中,资金特别大,大大增强了中国制造业企业特别是大型跨国公司在全球资源配置上的力度,例如,中国化工集团以430亿美元收购全球最大农药企业瑞士的先正达公司;海尔集团收购美国通用电气(GE)的家电业务。此外,随着国内资本、劳动力、土地等资源成本的上涨,使得许多企业开始将产业转移到国外投资海外市场,例如,河钢集团与南非工业发展公司签署了在南非建设500万吨级的钢厂项目,同时成功收购塞尔维亚的斯梅代雷沃钢铁厂。

2. 中国全力打造开放型经济为对外投资提供了新机会

(1)外交战略融合之对外直接投资战略促进本国企业投资。

外交与对外投资的交融和结合对企业的对外投资产生积极影响,同样,对将对外投资作为推动多方经济合作手段的中国来说,其战略高度也将得到很大的提升。面对当前日趋严峻的贸易摩擦战,中国政府开始实施相关方面的政策协助,以使中国企业在对外投资中消除贸易摩擦。到2013年底,已有近20个国家对中国开展贸易救济调查案件,总计近90件,其中美国对中国发起调查共17件。为此,中国投资企业通过对外投资来回避贸易摩擦。

(2)创建"一带一路"的全方位开放新格局。

"丝绸之路"经济带和"21世纪海上丝绸之路"的构想是中国在创立开放新局面的重大举措,不仅加强了中国在国际上的地位及国家安全的需求,而且有利于加强中国企业对外投资的顺利开展。两千多年前,古代中国与亚欧非国家通过古"丝绸之路"这一渠道,搭建了东西文化交流的桥梁,为世界文明作出了自身的贡献。在新的历史时期,中国提出的新的"丝绸之路",是一个新时期内的合作之路,它能促进"一带一路"国家合作的新局面,造福于世界各国人民,并为世界各地的稳定发挥其应有的作用。中国企业可凭借当前有利的局势,在海陆"丝绸之路"的基础上,制定中国对外直接投资发展新思路,使中国企业在对外直接投资中取得更大的成功。

(3)"自贸区模式"的试点和推广是中国对外直接投资的新亮点。

自2008年金融危机后,发达国家尤其是美国开始了对投资规则的重建。面对可能重建的问题,在新局面下如何发展中国企业的对外投资战略,中国政府推出了"自贸区"模式试点,开展一系列扩大开放政策改革,包括税收、金融和贸易等诸多方面。自贸区的设立预示着国家深度的改革开放重新起航。通过税收政策为企业提供了实惠,在人才方面也推出了各种鼓励政策,尤其是集中在企业融资多元化、企业对外直接投资便利化、存款利率市场化等金融领域的改革,极大地提高了企业境外投融资的便利程度和规模,从而使自贸区内企业的投融资成本大大减少。自贸区的改革不仅可以突破政策的限制,还大大简化了对外投资的过程和时间。因此,自贸区模式可以说是中国企业对外直接投资的政策新亮点,通过自贸区的实践来完善中国对外直接投资的管理政策,能更好地服务中国企业对外投资的大局。

3.3 企业对外直接投资的国际环境

3.3.1 制造业全球化发展带来的机遇

1. 经济全球化仍为当前世界发展的主旋律

(1)过去数十年是全球化快速席卷世界的黄金发展时期,未来经济全球化的趋势仍然不会改变。目前,对外投资已是世界各国进行产业结构调整以及全球经济体相互依赖的主要方式。根据联合国颁布的《2016年世界投资报告》,2015年全球FDI上升38%,达1.76万亿美元,表现出强烈的复苏态势,是2008年全球金融危机爆发以来的最高水平。由此可见,对外资的旺盛需求仍是当前世界经济发展的主导力量。为了避免被动地靠引进国外资金来参与到全球化分工中,中国也积极参加国际化合作,利用优势产业进行对外投资以增强企业的竞争力,从而融入经济的全球化大潮中。中国经济全球化的进程和趋势,目前至少已经出现了以下明显的变化:一是以出口商品为主,正在演变为投资与贸易一体化,即输出资本带动商品就地销售;二是以吸收外资为主,正在演变为吸收先进技术和高级人才为主；三是利用别人的市场支撑自己的经济增长，正在演变为利用自己的市场进行全球化扩张。

（2）经济全球化的形式有所改变，价值链分工模式成为主流。在经济全球化形势下，资本、技术、劳动力等要素在全球范围加速自由流动，生产活动的组织和国际分工更为强调价值链条。资源以最优化的方式配置在产品的价值链环节上，发达国家控制了核心技术和销售渠道，发展中国家布局制造业环节，同时中间产品贸易超过了最终产品贸易。因此，价值链分工引起全球生产和贸易方式的根本性变革，促进了国际分工格局、经济方式转变和产业结构升级，强化了世界各国经济依存度，有利于中国跨国企业更好地融入全球生产体系，形成更有效率的竞争模式并实现转型升级。

2. 中国制造业全球化发展的价值链分工

（1）对于中国而言，制造业的全球化发展，使中国作为制造业大国获得了巨大的红利。具体体现为：一是为中国企业发展提供了利基丰厚的市场，为大量的过剩劳动力提供了比较利益显著的就业岗位；二是促进了国内市场的出清，由此吸收了中国丰富的、具有强大竞争力的过剩产能；三是中国企业逐步实现了产品升级、工艺（流程）升级，甚至一定的功能升级；四是通过参与国际竞争，中国本地企业不仅学到了技术，也学到了管理技能和各种知识，逐步掌握了应对世界市场的经验和创建独立品牌的微观基础。

（2）当代制造业国际分工边界的逐步扩展表现为价值链的升级，制造业价值链上不同环节的分工成为制造业国际分工的主流。全球化以来，制造业的国际分工模式经历了"产业间国际分工—产业内国际分工—产品内国际分工"的不断深化历程，制造业国际分工边界经历了"垂直分工—水平分工—网络化分工"的逐步升级。在"研发—加工装配—销售—服务—废物处理再循环"制造业价值链一体化的全球生产体系中，核心跨国公司对全球范围资源配置的控制力度加强，促使制造业国际分工突破产业和国家边界转向产品内部。在制造业全球价值链的解构和重整进程中，跨国企业获取比较优势并在不同价值链环节寻求更大的经济收益成为可能。在国际产业转移和全球价值链分工大格局下，要实现中国制造业跨越式发展，就需要提升中国制造业企业在全球价值链的地位，在全球价值链中分工深化的动态过程中确定中国制造业的升级路径，以获取更高价值和更多环节的价值链分工。

3.3.2 国际环境不确定性带来的挑战

1. 不确定的国际政治环境

当前全球环境危机、粮食安全和能源安全等全球性问题考验人类发展方式，这些问题直接制约了中国对外开放和制造业企业对外投资活动的深度。同时，由于中国的政治制度、经济形态及文化与国外有着显著的差别，中国的快速崛起总会引起别国的误解，"中国威胁论"仍被某些国家鼓吹渲染，一些国家在经济和政治上挑起一些事端来破坏中国企业的对外投资，对中国制造业企业正在参与的一些投资项目，可能由于政治方面的限制因素而被迫中断。

2. 不确定的国际经济环境

国际金融危机后，国际保护主义抬头并有加剧的趋势，影响着中国企业对外投资活动的持续进行。在当前环境下，存在国家安全审查、市场垄断调查、企业性质和股权比例限制等各种形式的国际投资门槛，各国的投资保护主义政策影响中国对外开放的持续深入和制造业企业对外投资的稳步推进。例如，并购美国企业是近年来中国制造业企业对外直接投资的一大亮点，而美国为最大限度维护本国利益与安全，对来自其他国家的兼并收购审核更为严格，影响着中国制造业企业对外直接投资的市场进入模式选择。

3. 不确定的国际社会环境

由于中外存在较大的法律制度、语言和文化等方面的差异，中国制造业企业的对外投资项目经常遭遇来自当地社会的阻力和矛盾。例如，福耀玻璃在美国投资建厂，由于不熟悉美国的法律和文化环境，没有处理好当地劳资问题而引发劳动纠纷，结果以违反《职业安全与健康法》的理由而遭受罚款10万美元。

4 中国制造业企业对外直接投资的战略选择

中国作为最大的发展中国家,过去制造业的国际化发展更为注重低成本的区位环境,忽视高端价值条件的培育,一直在比较优势陷阱中徘徊,锁定在价值链低端环节。因此,当前的中国制造业正受到双重的挑战:发达国家正在进行"再工业化"运动,东盟国家、印度和拉美国家则拥有更低的劳动力和资源成本。国内外大量的理论与实践研究表明,中国制造业在全球价值链中的分工地位需要不断提升。在这样的形势下,如何在保持持续增长的同时促进产业升级,是中国制造业国际化不得不思考的问题。

4.1 中国制造业发展的主要问题与挑战

4.1.1 中国制造业发展存在的主要问题

(1) 较大规模的产能过剩问题。

中国制造业企业进入壁垒低、替代者众多、竞争异常激烈,在市场结构中处于"微笑曲线"底部位置。由此决定了在世界经济景气时期,蜂拥进入的劳动密集型产业,很容易在市场需求高峰退潮的时期形成过度竞争态势,加剧经济的萧条。

(2) 陷入比较优势陷阱,忽视产业更新和技术升级。

国际代工生产具有技术难度小、回报率相对较高、市场风险相对较低的特征。在国际代工生产中,中国企业无缘于这种产品的设计、研发活动,而且所收取的"合理"的加工费以及所获得的"合理"的利润会诱使中国企业放弃创建具有自主知识产权的品牌活动,从而放缓甚至放弃产业升级的艰苦努力。

(3) 低成本优势逐渐减弱。

以往中国制造之所以能够在世界范围内产生一定的影响,主要是凭借着低廉的成本优势。然而,现在这种优势正逐渐消失。中国的制造业是资源密集与劳动密集两种类型的叠加。制造业成本居高的原因：一是人力资源成本的抬升，尤其是东南沿海地区，员工的薪金报酬已大大超过周边发展中经济体。二是不断增加的能源需求，也使得依托各类资源的产品价格不断上涨。三是中国的制造业的发展是以牺牲环境与资源为代价的，这对环境与资源的破坏极大，长期来看发展成本居高不下。一些经济较发达的西方国家能够不断转变发展脉络、适时调整策略，从而使经济发展持续处于良性轨道之中。相比之下，中国的制造业不仅存在内部问题，也存在着激烈的外部竞争，应该说改革形势比较严峻。

（4）产品的附加值较低。

中国生产的产品，特别是日常生活中的必需品和消费品，只是停留于简单设计与批量生产方面。在中国经济获得飞速发展的同时，广大民众可供支配的收入不断增长，制造业所供给的产品如果继续维持在较低的层次上，就无法适应消费的新需求与新变化。消费偏好的变化，势必要对消费的主体结构产生根本性的影响。在改革开放前，因为中国的经济发展水平较为落后，国民的温饱这一基本生存问题都未能得到根本解决，人们关于产品方面的需求也只是着眼于对最基本的生活需求的满足。随着民众的物质生活水平的提升，对消费的追求品位也相应提升，不仅对智能化、人性化及高技术含量和设计水准的产品有着期待，而且对精神方面的消费需要也相应提升了标准。在此背景下，低附加值、功能单一的传统制造业面临转型危机。

（5）自主创新的能力偏差。

自主创新能力差是中国企业的通病，这一问题的产生存在诸多原因。从外部看，改革开放的时间还不算长，市场化运行的机制难以在较短时间内彻底完善，尤其在知识产权方面，保护得还很不够。关于知识产权的意识，还没能在人们的头脑中普遍树立起来，所以技术创新赖以存在的土壤十分缺乏。从企业本身来看，具有专门研发能力的企业为数不多，许多企业甚至连专门的研发机构都未设立，模仿有余、创新不足。全球范围内的一些较知名的公司，在产品研发方面的投入在营业收入中所占的比例都较大，这也是这些企业之所以能够成为全球性大企业的原因。中国多数企业和高校及科研机构间未能建立起有效的联系，使得新产品与新技术在生产经营实践中应用的进程受到阻碍，研发技术向实物成果转化效率低下。

（6）世界知名品牌欠缺。

提及名牌产品，许多人会不由自主地想起三星、松下、西门子和苹果，这些品牌几乎成了韩国、日本、德国和美国制造的象征，其影响力之大可见一斑。

作为制造业大国的中国,近年海尔与华为等在海外市场拓展的成功,为中国制造业产品跻身国际市场赢得了一席之地,但是,与美国等发达国家相比,中国的全球知名品牌仍显欠缺,品牌建设与发达国家存在较大的差距。

4.1.2 中国制造业发展面临的主要挑战

综合而言,在全球价值链分工体系中,中国传统制造业有较强的国际比较优势,而中国的高技术制造业缺乏国际竞争力。中国更多地专注于技术含量较低的制成品简单加工组装等初级价值链生产环节,使得中国制造业跨国企业处于全球价值链分工体系和价值分配的低端位置。从外部因素看,发达国家依赖雄厚的资本实力和先进的科学技术,竭力加强对全球价值链高端环节的控制;而更多的发展中国家以低成本优势积极融入全球价值链,导致"中国制造"同时面临来自高端和低端的双重挤压。

(1) 来自全球价值链引领者操纵的"低端锁定"压力。

在当今世界经济格局中,全球价值链的引领者和支配者主要是发达国家的跨国公司,其在很大程度上决定着全球生产和交换过程中的利益分配。这些跨国公司往往掌握着全球价值链的高端环节,特别是产品标准、技术规范、研发设计、市场营销、品牌运作等附加值较高的环节。而发展中国家的企业往往成为全球价值链的执行者,只能被锁定在附加值较低的环节,甚至落入跟随式发展的陷阱。从目前实际情况看,中国大多数制造业企业仍扮演着全球价值链执行者的角色,受控于全球领导厂商,在技术成熟阶段被锁定的现象十分突出。发达国家跨国公司凭借自身科技资源优势,在产品标准、技术规范、研发设计和生产工艺等环节的关键领域设置外人难以破解的技术壁垒,并借此实施技术垄断,导致中国企业核心技术长期受制于人,很难在全球价值链的高端环节取得突破。同时,发达国家跨国公司还采用知识产权保护、市场隔绝等策略,旨在削减中国企业在加工、装配过程中获得的技术溢出,迫使这些企业长期锁定于低附加值的价值链环节。

(2) 自主创新不足导致中国制造业升级的内在动能较弱。

大部分中国制造业企业的国际地位长期处于跟随者角色,对行业的全球竞争制高点掌控不足,较少开发和掌握引领行业未来的新兴技术和新型产品,高端装备、关键零部件和核心技术长期受制于人。例如,在工业机器人产业的技术结构中,包含机械、控制、传感三个部分,中国企业整体上仅掌握了机械中的硬件技术。全球价值链的利益分配取决于各国企业所处的价值链位置及所创造的产品附加值高低,长期陷于价值链中低端导致中国制造业企业获得的利益分配份额少及企业人力资本和科研投入少,从而导致附加值低与创新投入低的恶性循环。

4.1.3 全球价值链升级的重要途径:对外直接投资战略

世界对外直接投资的经验表明,一国对外直接投资所采取的产业战略与其经济发展水平和阶段性特点密不可分。中国制造业处于全球价值链中低端决定了中国产业升级应该遵循价值升级和结构优化两个方向,因此,中国制造业企业对外直接投资战略应采用产业选择方向均衡策略。综合当前国内外宏观形势,一条崭新的以我为主的包容性全球价值链,将成为中国制造业高水平全方位开放的新空间、新纽带、新载体,是中国经济增长实现中高速、产业发展迈上中高端的基础。"一带一路"倡议形成的基于内需的全球价值链也会极大地影响中国制造业的振兴和发展进程,它将助推经济加速进入创新驱动发展新阶段。随着中国经济发展进入新常态,企业将作为经济发展最基础的驱动力。对于中国制造业企业而言,成为全球公司是融入全球价值链升级的战略路径。只有成功打造整合全球范围内资源、人才、技术和品牌的平台和网络体系,中国制造业企业才有可能提升在全球价值链中的位置。经济全球化潮流要求企业经营环境和竞争规则的相应调整,面对迅速形成的全球市场和迅速发展的全球化潮流,中国制造业跨国公司原有的发展战略、管治结构以及理念文化均面临严峻挑战。中国制造业跨国公司战略亟待向全球战略调整升级,按照企业经营系统的功能重新配置资源,以适应全球市场的出现。

2017年,尽管中国上榜世界500强的企业已达115家,但无论在数量还是质量上都与发达国家跨国企业存在不小差距。在上榜的这些中国企业中,从综合反映企业跨国经营水平的"国际化经营指数"(指公司海外资产占总资产比例、海外销售额占总销售额比例以及海外员工占总员工比例和的平均数)来看,中国企业普遍偏低。中国内地109家上榜企业平均资产收益率仅为1.65%,远低于美国企业的4.79%。[①] 以出口为导向的中国制造业获得了持续数十年的高速发展,并使中国成为"世界工厂";随着人力、土地及资源等成本的上升,中国制造业基于要素成本的比较优势已不复存在。

---

① 刘少华,顾桥孜:《2017年度世界500强企业发布,中国115家企业上榜》,载《人民日报》(海外版),2017年8月17日第2版。

发展中国家要实现产业升级，需要一批能迅速、高效地在全球范围内整合资源，充分利用全球分工体系获取知识、资源和市场，拥有行业价值链高端环节的竞争优势（蒙丹，2012）。在此背景下，通过实施对外直接投资战略促进价值链的重构和升级，已成为中国制造业摆脱全球价值链低端锁定并向高端突破与跃迁的必由之路。中国企业在转型升级和全球化发展中，必须有全球视野和创新、创业的激情，才有可能把跨国经营战略做好；在立足国内同时开展全球资源整合时，着重提升产品开发并推向市场的能力、产品品质管理能力等"硬实力"；继续以全球公司作为学习的标杆，学习全球公司从战略层面重视环境保护的先进理念和以制度为基础所形成的合规文化理念等，提升企业的"软竞争力"；在利用国际创新资源进行自主创新的同时，还要探索国际合作新模式，促进企业自主创新能力提升；在全球价值链中积极自创品牌，抓住时机通过国际合作或者收购建立自主的知名品牌，多渠道开展企业自主品牌的创建（罗虎，2013）。

4.2 企业对外直接投资战略的类型及其实现途径

4.2.1 企业对外直接投资战略的类型

1. 中国制造业企业对外直接投资动机

从理论上而言，企业在出口或契约方式的基础上，进一步选择对外直接投资作为国际化方式，目的是获得更强的控制程度和更多的利润比例。通过归纳现有研究，中国制造业企业对外直接投资的动因主要有以下几种。

（1）市场寻求型。一是规避贸易壁垒。通过对外直接投资，避开一些国家对中国产品所设置的关税和非关税壁垒。二是寻求更大利润比例。当企业的产品出口规模达到一定程度、理论上超过本地生产的最小经济规模时，企业会绕过销售代理商的利润分成，选择直接投资以便本地化生产和销售，如此可以获取更多的经济利润。三是寻求区域市场。四是提供更为及时和贴切的服务支持。对于售前与售后服务依赖性强的产品出口，为保证产品销售的顺利推进，企业须设立本地的技术支持和售后服务部门。

（2）资源寻求型。这里的资源包括自然资源、人力资源以及战略性资产。在自然资源方面，中国自然资源总量丰富，但人均自然资源匮乏。在人力资源方面，中国参与国际分工的初期优势是较低的劳动力成本，但随着经济发展中国的社会平均工资水平不断攀升,导致中国企业的劳动力低成本优势逐渐消失,一些对劳动力成本敏感的制造业开始外迁至劳动力成本更低的其他发展中国家。中国的制造业企业与国际知名跨国企业相比,仍然存在巨大的技术、品牌等方面差距,中国产品进入欧美高端市场的障碍较大,以技术、品牌和渠道等战略性资产的并购是中国制造业企业升级的重要途径。

(3) 全球战略升级。中国越来越多的企业正在实践他们的全球战略,开始在全球范围内整合和配置资源,从跨国经营向全球经营的转变。面对迅速形成的全球市场,这些企业突破国际市场壁垒,在全球范围配置全产业链,在最适宜的地点布局采购、制造组装、研究开发和销售各环节;或者掌控研发、品牌等价值链核心环节,将价值链其他环节外包,成为全球产业链的组织者。

2. 中国制造业企业对外投资战略类型

中国对外直接投资必须有"战略性",具体包括:①投资目的战略性,即要明确对外直接投资的目的是跨越贸易壁垒还是寻求资源和技术;②投资地区战略性,即根据当地的经济发展以及资源禀赋的实际情况,决定中国对外投资的类型和数量;③投资手段的战略性,即根据投资目的的不同,选择合适的投资手段;④投资产业战略性,即根据不同的投资目的,选择不同的产业。中国企业作为国际经济舞台上的后来者,通过并购或将有形资产内部化并不能产生企业异质性资源的开发能力,后发国家最终重要的战略在于通过企业的学习提升可持续竞争力。企业对外直接投资可分为资源强化型、资源补充型和资源开发型三类。

3. 企业对外直接投资战略特征

中国制造业企业对外直接投资战略分为市场获取、资源获取、全球升级三种类型。其中,市场获取投资战略是指以获取市场信息、市场份额以及市场知识为目的的对外直接投资战略。资源获取投资战略是指以获取自然资源、人力资源以及战略资产为目的的对外直接投资战略。全球升级投资战略是指以建立全球化运营网络、进行全球资源整合以及开展全球学习活动的对外直接投资战略。

1) **市场获取战略的特征**

第一,国际市场定位是其战略基础。市场定位是企业为了实现其经营目标,结合企业和环境的具体特点,不断调整其目标市场的范围,从而实现差异化市场定位。这种差异化市场定位需根据客户需求特征,针对竞争对手现有产品所处市场位置,在客户心目中塑造本企业产品的独特形象。因此找准适宜的国际市场定位是中国制造业企业市场获取战略的基本前提。

第二，国际市场拓展策略是其战略方向。根据是否开拓新的国际市场和是否在现有国别内寻求新的细分市场，中国制造业企业的国际市场拓展策略可分为集中化和多元化等策略。一方面，由于产品的价格优势正逐步削弱，中国制造业企业需要深耕现有的国际市场，从价格竞争向产品品质和服务的竞争升级，维护好现有的客户资源，不断拓展合作的广度和深度；另一方面，基于已有国际市场的饱和，中国制造业企业需要开拓新的市场，寻找新客户，通过不断扩展市场范围，降低少数市场和客户带来的风险。

第三，国际市场竞争策略是其战略重点。长期以来，中国制造业企业在国际市场的竞争策略是价格竞争，依赖低成本、低价格的产品进行市场竞争。这种产品价格竞争策略对于中国企业国际化的启动有着现实意义，使得原始资本积累和技术积累成为可能。然而，随着中国企业国际化进程的深入，国际经营经验的增加和企业实力的增强，价格竞争策略逐渐为技术和品牌竞争策略所替代，从而促进中国制造业企业提高产品档次、占据中高端市场、提升盈利能力，最终实现中国制造业企业形象的提升。

2）资源获取战略的特征

第一，从外部获取竞争优势是其重要战略目的。中国拥有丰富的市场和低成本方面的优势，但受制于技术的薄弱。企业通过以下途径获取资源来构建自身技术优势。一是通过购买专利、技术信息等获取新技术。购买新技术，要建立在对产业发展趋势的科学预测基础上。二是兼并收购拥有某种技术优势的企业。所购的新技术产业化转化和所并购的企业被有效吸收整合，均需要购买方具备强大的经营能力、组织能力和管理能力。

第二，识别互补性资源是该战略实施的基础。资源的互补性是不同类型企业之间进行合作的基础。在已有的国际分工体系中，中国企业劳动力资源优势和组织优势在资源配置中发挥着重要作用；近年来中国企业持续加大自主研发投入和跨国并购力度（范黎波，马聪聪，2013）。随着资源获取战略的深入实施，企业对于内外部资源的认识和理解更加深刻，更加容易识别和发现与企业具有互补性的一般资源和战略性资产。

第三，价值链的优化布局是其重要战略手段。价值链体系其实是一个要素供应和创造体系，整个价值链上的产品开发、原材料供应和配送、生产制造和制成品储运、市场营销等环节，都涉及技术、人力资源和管理的提供，以及有形和无形价值的创造。而价值链的布局配置关系到资源要素的供应效率和价值创造效果，同时以要素禀赋和市场为双导向，在资源丰富的地区设立对该资源要素需求大的增值环节，在市场需求大的地区设立本地化的市场机构或生产性环节，可以充分利用优势条件，降低成本，更好地适应市场的需求，最大限度地实现利润目标。企业通过价值链体系的布局和优化调整，不断增强获取资源的优势，增强价值创造能力。

3）**全球升级战略的特征**

第一，全球升级战略中的"全球"本质含义是全球一体化，并不是地理意义上的全球。即使一家企业在全球每一个国家和地区都拥有子公司，这样的企业实行的也不一定是全球战略。企业需要从全球一体化的视角出发对其业务进行布局和协调，并在全球基础上实现利润最大化。全球战略的内涵包括全球规模经济、全球范围经济、全球适应性、多市场博弈、交叉补贴以及价值链的布局和协调。这些要素之间并不是相互排斥的，多数情况下企业的全球战略是多种要素的组合。全球战略的实施受到多方面因素的影响，由于各个企业的产业竞争地位、自身资源能力以及企业历史因素不同，即便是在全球化潜力较大的行业中，企业也可能实行多国战略。

第二，全球市场的本质是各个市场之间的相互依赖和相互作用。协调复杂的全球网络的能力已经成为企业竞争优势的一个新的来源。对如今的全球公司而言，不论是生产、研发、财务、市场营销或者是其他活动，企业都需要在全球范围内进行协调。只有当企业对其全球运营进行了统筹，企业内各个相互依赖的单位间实现了协调，企业的全球升级战略才可能发挥真正的作用。

第三，全球资源整合是跨国公司在全球化进程中开展经营管理的本质所在。跨国公司发展的高级阶段和必然趋势是在全球范围内，整合资源配置和安排生产性活动的运营。随着全球化的发展，日趋稳定的国际宏观环境、发展成熟的信息技术、逐渐弱化的关税壁垒以及互联互通的国际国内市场等因素，均在不断减少企业的跨国管理难度和运输成本，不断扩展企业管理的空间边界，使得企业在全球范围内整合资源成为可能。企业要想获取在全球范围内整合资源的能力，必须建立起自身在全球范围内的垄断优势和相对当地企业的竞争优势。全球范围的垄断优势是跨国公司具备全球资源整合能力的前提，而全球范围垄断优势的确立在于跨国公司通过自建、并购或者战略联盟等形式布局和整合全球价值链，对全球行业内不同区域、不同企业的异质性战略资源进行占有或者使用，促使异质性战略资源在一个统一的企业组织系统中完成整合协调和配置。

4.2.2 企业对外直接投资战略的实现途径

1. 市场获取战略的实现途径

按照产品和市场的种类匹配，企业可以选择不同的市场获取战略实现途径。

1) 市场渗透

市场渗透策略意味着企业基于已有的市场和产品，将采取更加密集的营销手段促进销售规模的提升，提高市场占有率，通过促销或提升服务品质等方式来打动客户，一方面促使现有客户增加购买频次和购买量，另一方面争夺竞争者客户和不断挖掘潜在客户。市场渗透策略是风险最低的一种市场获取实现途径，对于已通过出口贸易方式进入的海外市场，企业需要增强市场进入模式的控制程度；对外直接投资更加贴近本地市场的研发设计和加工制造等生产性环节来满足市场的需求。

2) 市场开发

市场开发策略是企业将现有产品与新市场组合的竞争方式，即基于现有产品开拓新市场，发展现有产品的新客户群体；或者是对现有市场进行重新划分和认识，挖掘现有产品的新市场机会。市场开发策略的本质要求是企业必须维持产品本身的核心技术和产品属性特征不变，只需调整产品的销售手段和市场定位，通过标准化的产品吸引不同目标市场的客户群。在市场开发策略的背景下，企业在国际化初期往往以出口或许可方式进入海外市场，当产品占有一定的海外市场份额后，企业将进一步提高资源投入。如果产品的差异性特征较强，为保护产品的差异化和市场区别度，企业对海外投资的控制程度要求就较高；如果产品本身的特征属于在全球市场同质性很强的标准化产品，则企业对外投资的方式往往为并购或战略联盟，通过并购方式快速高效地获得其他企业的标准化生产能力，企业也可将生产组装环节外包给国外企业而专注于品牌塑造、研发和市场销售。

3) 产品开发

产品开发策略是企业着力改变现有产品体系，通过现有产品的改进或新产品的研发，从而促进整个产品体系的市场销量以及整个企业的市场占有份额的提升。企业通过引导客户的新需求，发现新市场，最终推出新产品投放到市场；或者对现有产品进行技术改进、功能改良，由此挖掘现有产品的市场深度和广度，推出升级后的产品或相关产品投放到现有客户群中去，不断巩固企业品牌的市场形象。在海外市场的产品开发策略中，企业可以通过对外投资"优势复制"企业内部的产品生产和研发能力,从而实现海外市场的相关产品开发。在产品开发的"优势复制"过程中,由于主要涉及企业内部知识的跨国转移,企业对外投资通常倾向于选择新建的绿地方式而不是并购形式。

4)多角化经营

多角化经营策略是企业着力开发多种类型的产品和业务,以拓展多种类型的目标市场,将企业经营的覆盖范围从单一产品、单一市场拓展到多元化产品和多类目标市场,产品和市场均实现领域边界的新拓展。企业扩大经营范围,将供应能力从单一产品向多元化产品拓展,同时,将所处市场领域从单一行业向多元化行业拓展。在海外市场的多角化经营策略背景下,企业一般会选择"循序渐进"的国际化战略路径,从产品出口开始起步,由易到难地逐步演进,提升控制程度。此策略是风险最大的市场获取战略的实现途径,企业原有优势资源和专业知识能力可能难以发挥作用。企业进入海外市场比较容易采取合作性股权进入模式。

2. 资源获取战略的实现途径

1)实施跨国并购

对于处于起步阶段的新兴经济体企业而言,在国际竞争中,往往缺乏独特的垄断优势,企业需要在分析自身所拥有的资源基础上,权衡考虑既适宜企业条件又能促使企业快速成长的资源获取方式。技术、品牌、营销网络等战略资产具有组织嵌入的特点,跨国并购是获取这种战略资产最为有效的方式。通过并购发达国家经营困难的先行企业或企业的某些业务部门,可以弥补企业在技术开发、品牌声誉和国际营销网络方面的不足,提升企业的竞争能力。

2)内部培育能力

企业能力是决定国际市场竞争格局的关键性要素和长期性因素。不同于一般要素的基础性资源,企业能力包含隐性知识,其转移存在巨大的交易成本,是企业难以模仿获得的专有性资源。基础性资源需要通过隐性知识的组合和加工才能在使用过程中转化为能力。企业国际化向深层次和高级化发展,有赖于企业能力的占有、配置和提升。其中,能力占有是企业获得竞争优势和国际扩张的基础;能力配置是弥补国外经验劣势和抓住新兴机会的重要手段;能力提升是企业获得持续发展、创造新资源的必然环节。通过较强资源投入和较高控制程度的对外直接投资方式,企业方可增强技术创新能力和资源整合能力,开发核心产品,建立市场领先地位。

3. 全球升级战略的实现途径

1）构建全球网络

全球化发展的升级正在引发制造业企业组织方式的深刻变革，由以往的贸易全球化为主要方式转变为向研发、资本、生产、服务的全球价值链整合发展，企业组织边界突破了国家的界限，形成了以企业内部分工为基础的国际化新形式。在企业全球升级战略的发展阶段，中国一些制造业龙头企业着力发挥已经积累的国际化经营能力以及中国制造优势，试图构建自己主导的全球制造网络，更加主动地开展国际分工和国际资源的调配组合，以充分利用全球各地的生产和研发资源为自身企业升级发展服务。

2）开展全球学习

在全球升级战略中，全球制造网络的位置是提供获取关键性资源渠道和平台的企业外部因素，而对外部资源进行有效的获取与应用取决于企业内部的组织学习能力。企业可采用以下策略提高全球学习能力：一是系统学习的提升，将个人学习、团队学习和组织学习有机结合起来，充分发挥整体效力，以便显著提高全球学习能力；二是提升系统的功能。全球学习能力包括分享知识的激励水平、传输渠道的存在与丰富程度、获取知识的激励水平、知识的吸收能力四个要素。

3）进行组织重构

对许多公司而言，实行全球战略往往意味着企业要经历一个痛苦的组织重构过程。事实上，在跨国公司的每个职能部门都存在实行全球战略的强大障碍。随着全球网络的构建和全球互动学习的加强，跨国公司的组织结构也相应发生变革，业已形成的层级官僚组织结构被逐渐打破，倾向于管理更为扁平化、去中心化的网络化组织结构。构建这种网络化组织结构的关键是建立灵活的内部整合过程和敏锐的决策机制，形成相互依存、具有差异化的网络组织关系，培育多方位的能够内生协调、平衡各方面利益的组织机制。

5 企业对外直接投资战略演进的探索性案例

中国制造业企业对外直接投资战略如何演进？现有理论和文献还不能推导出中国制造业企业对外直接投资战略的演进，本章采用探索性案例分析方法展开研究，选取国内具有较高知名度和典型代表性的海尔、华为和万向三家制造业集团企业作为样本，进行多案例研究，分析上述制造业企业对外直接投资战略的演进过程，为揭示中国制造业企业对外直接投资战略的演进规律奠定基础。

5.1 案例研究设计

5.1.1 研究方法与步骤

1. 研究方法

首先明确中国制造业企业对外直接投资战略如何演进？因为研究的是"如何"的问题，所以选择案例研究是适宜的方法。本章所采用的案例研究方法为探索性案例分析，而非理论检验式案例研究；而且相比于单案例研究，多案例研究更有利于加深规律的揭露和增强普适性。多案例研究包括案例内分析和跨案例分析。案例内分析将每个样本案例视为独立整体，进行全面事实展示和逻辑分析；跨案例分析则在单个案例内分析基础上对所选样本案例进行统一的抽象归纳，分别通过共性分析和差异性分析找出各样本案例间的异同，特别是在各案例之间进行逻辑重复来验证具有普适性的规律结论，提高研究的效度，形成更完整的理论。

2. 研究步骤

多案例研究，提出了一个通用结构的研究框架，包括研究设计、单一案例内数据分析和跨案例分析三个阶段。研究设计包括研究方法的明确、样本案例的选择及数据的收集。单一案例数据收集与分析包括开展各单个案例调查和撰写单个案例报告；跨案例分析包括总结跨案例结论、修正理论、构建模型及过程和撰写跨案例报告。本节借鉴上述研究框架，首先进行单案例研究，然后进行跨案例分析。

5.1.2 样本选择与数据收集

1. 样本选择

在兼顾案例典型性、数据可获得性和研究便利性三个要素的基础上，本研究选择海尔、华为和万向三家制造业企业作为分析样本。具体原因如下：

（1）案例典型性。其一，所选择企业的主营业务是制造业；其二，企业的注册地及主营业务发源地为中国境内的跨国集团公司；其三，企业的制造业业务具有较强的国际竞争力，在制造业领域的对外直接投资取得业界公认的辉煌成绩；其四，企业对外直接投资历程至少在10年以上，经历了较为充分的对外直接投资战略演变过程。上述三家集团公司均满足上述条件，而且都是国际知名的制造业企业集团，具有代表性。

（2）纵向数据可获得性。海尔、华为和万向集团自成立以来，发展持续、经营规范，数据信息长期对外公开，高层领导保持稳定，保证了战略轨迹的稳定发展，这些均有利于纵向数据的收集。

（3）案例研究开展的便利性。海尔、华为和万向集团的官网、期刊、公开出版书籍等资料丰富，信息数据易于收集。此外，三家公司经常受到新闻媒体报道和学界探讨，便于多样化资料数据的获取和交叉印证。

2. 数据收集

使用多种数据来源使研究者能"三角验证"不同证据，提高信度和效度。

（1）文献资料：通过中国期刊全文数据库检索相关文献；通过公司官网和内刊媒体、主流财经媒体、行业协会网站等收集相关信息。

（2）书籍资料：通过阅读《海尔转型：人人都是CEO》《做强做大做久：万向集团基因大解析》《华为三十年》等书籍获取系统性信息。

总之，通过仔细解读公司官网公布的信息、公司领导人的讲话、相关上市公司年报、相关公司的研究专著等资料，收集全面的数据信息。此外，在研究过程中还通过与其他相关研究文献对比，相互验证并补充不足信息。

5 企业对外直接投资战略演进的探索性案例

5.1.3 信度与效度

（1）构念效度：采取多重证据来源的三角验证来保证研究的构念效度，数据来源包括访谈、集团内部文本（年度总结、战略规划、报告等）、外部文献（中国知网上的学术期刊、报纸，集团官网、主流媒体报道等）、实地考察和调研，确保数据来源的多重性及资料证据的相互印证。

（2）内部效度：为保证研究的内部效度，首先陈述想回答的理论问题并提出相关理论命题，然后通过案例分析审视理论、命题与研究资料是否相符合。

（3）外部效度：通过举办专题研讨会、参与相关学术会议、参加 MBA 课程等报告研究结果，并针对案例进行讨论，得到多数参与者的肯定。

（4）信度：构建研究资料库，包括实地考察记录、内部资料、外部资料汇总、期刊论文等，以便能够进行再检查、再分析，从而提高研究信度。

5.2 案例内数据

5.2.1 海尔集团对外直接投资战略演进

1. 企业简介

海尔集团[①]发展已历经 30 多年，从 1984 年亏损 147 万元的青岛电冰柜总厂，到现在已成长为提供就业机会超 160 万个岗位的全球化集团公司，拥有全球大型家电第一品牌。截至 2016 年底，海尔全球营业额达 2016 亿元，利润实现 203 亿元；近 10 年，收入复合增长率达 6.1%、利润复合增长率达 30.6%[②]。在国际化战略和全球化战略的指导下，除了出口，海尔对外投资也取得长足发展。目前海尔集团在全球建成十大研发中心、21 个工业园、66 个营销中心，全球员工总数达到 7.3 万人，海外收入占集团总收入比重约为 40%[③]。海尔集团发展历程详见表 5 - 1。

---

① 数据来源：根据海尔集团官网资料整理。
② 海尔集团 2016 年度市场创新报告。
③ 数据来源：根据《青岛海尔股份有限公司 2015 年年度报告》《青岛海尔股份有限公司 2016 年年度报告》整理。

表 5-1 海尔集团发展历程

年份	事项
1984	10月23日,青岛电冰箱总厂和德国利勃海尔公司签约引进当时亚洲第一条四星级电冰箱生产线
1985	提出了"起步晚、起点高"的原则,制定了海尔发展的"名牌战略"; 海尔从消费者的信中发现了产品存在的质量隐患,为了真正唤醒员工的质量意识、市场意识,"砸冰箱"事件成为海尔历史上强化质量观念的警钟
1987	在世界卫生组织进行的招标中,海尔冰箱战胜10多个国家的冰箱产品,第一次在国际招标中中标; 4月28日,海尔第一次在北京西单商场举办"琴岛利勃海尔"电冰箱展销会,高品质的冰箱吸引了众多消费者排队购买
1988	海尔冰箱在全国冰箱评比中,以最高分获得中国电冰箱史上的第一枚金牌,从此奠定了海尔冰箱在中国电冰箱行业的领头地位
1990	海尔先后获得国家颁发的企业管理"金马奖""国家质量管理奖"; 海尔冰箱出口中东市场; 海尔产品通过了美国 UL 认证
1991	青岛电冰柜总厂和青岛空调器总厂合并,于12月20日成立海尔集团,进入了多元化发展的战略阶段
1992	9月,海尔通过ISO9001国际质量体系认证
1993	9月,在德国 *TEST* 杂志一年一度的家电抽检结果报告中,海尔冰箱获得了8个"+"号,在受检的冰箱中质量名列第一
1994	4月22日,海尔超级无氟电冰箱参加世界地球日的展览,成为唯一来自发展中国家的环保产品; 在巴黎设立了海尔贸易公司,直接面向法国和欧洲市场
1995	7月,海尔在香港成立贸易公司,开始全球营销网络布局
1996	6月,海尔获美国优质科学协会颁发的"五星钻石奖"; 12月,海尔在印度尼西亚雅加达建立了海外第一家以生产电冰箱为主的合资生产企业——海尔莎保罗有限公司

续表 5-1

年份	事项
1997	2月，海尔参加了在德国科隆举行的世界家电博览会，海尔向国外经销商颁发产品经销证书； 6月，菲律宾海尔LKG电器有限公司成立； 8月，海尔与马来西亚机兴工业有限公司合资组建海尔工业（亚细安）有限公司，生产以海尔洗衣机为主的家电产品； 11月，海尔与南斯拉夫工业联盟总公司合资在贝尔格莱德建立空调生产厂，利用海尔品牌、科技和质量优势以及公司在当地市场和网络上的优势生产销售家电产品
1998	2月，海尔中东有限公司在伊朗成立； 美国《家电》周刊对海尔的发展速度在世界家电业位居第一给予高度评价
1999	4月30日，海尔在美国的南卡州建立了工厂，并形成设计中心在洛杉矶、营销中心在纽约、生产中心在南卡州的设计、制造、营销"三位一体"本土化经营体系； 5月后，欧洲海尔、中东海尔、美国海尔先后揭牌，有更多海外经销商加入海尔的营销网络中； 9月，与伊朗赛彼得公司合资成立海尔赛彼得有限公司，进一步扩大了海尔产品在伊朗及中东市场的网络与份额
2000	8月，在越南胡志明市成立越南海尔工厂，生产电冰箱
2001	4月10日，海尔与巴基斯坦PANAPAK电子公司合资在巴基斯坦建立全球第二个海外工业园；海尔与孟加拉最大家电经销商H公司合资，建立孟加拉海尔工厂； 6月19日，海尔集团并购意大利迈尼盖蒂公司所属一家冰箱厂，是中国白色家电企业首次实现跨国并购，意大利工厂生产由法国和荷兰的工程师设计的冰箱，并在欧洲市场上销售
2002	1月8日，海尔与日本三洋建立新型竞合关系，在网络经济时代互换市场资源
2003	3月1日，海外第一家欧倍德"海尔店中店"在德国社塞尔多夫市开业
2005	3月1日，与约旦MEC公司合资在约旦撒哈布成立海尔全球第三个海外工业园——海尔中东工业园

续表 5-1

年份	事项
2006	10月14日，海尔集团首家澳大利亚专卖店在澳洲第一大城市悉尼隆重开业； 10月27日，海尔与日本三洋株式会社在日本大阪签署合约，双方合作成立合资公司——海尔三洋株式会社； 11月26日，巴基斯坦海尔-鲁巴经济区成为中国商务部确定的首批境外经济合作区之一，由海尔集团和巴基斯坦鲁巴集团合资建设
2007	8月9日，海尔集团在印度收购了一家产能35万台的冰箱厂，启动在印度的第一座制造基地
2009	2月19日，海尔集团与委内瑞拉轻工业内贸部签署了《白色家电技术、标准输出及建立生产基地合作协议》； 5月27日，海尔集团投资参与新西兰Fisher & Paykel（斐雪派克）公司一项股权融资计划； 8月，海尔意式三门冰箱、法式对开门冰箱、三门冰吧、畅享电热水器获得德国联邦经济和技术部提名，入围2010年德意志联邦共和国设计奖，这是德国最高级别的官方设计奖
2010	1月7日，第43届国际消费类电子产品展览会（简称CES展）在美国拉斯维加斯举行，海尔集团参展并推出了全球首台具有时代性、国际性、超值性的"无尾"电视解决方案，其创新的技术彰显了中国制造的实力，引起了国内外媒体的广泛关注。同时，"无尾"电视荣获2010年CES国际消费类电子产品展览会"未来科技产品奖"。美国CES展是世界最大的消费类电子产品和技术年度会展，海尔集团已连续11年参展，是参展时间最长的中国品牌； 1月，海尔集团被科技部批准成为全国首家创新方法试点企业，这是科技部、发改委、教育部、中国科协联合推进的创新方法专项工作首次在企业进行试点，获准的试点企业仅有海尔集团和大唐集团两家公司； 2月9日，2009年"世界著名品牌500强"榜单在日本东京发布，海尔在中国家电企业中排名最前； 3月，国际权威工业设计大奖——2010德国"红点"设计大奖公布获奖名单，海尔集团共有5项产品获奖。其中，"简爱7"笔记本、M系列空调柜机、F1WO空调挂机获得"红点"设计奖，QHA93燃气灶、I WASH洗衣机获得"红点"荣誉提名奖。这是海尔集团连续第5年获得此项荣誉； 4月15日，美国《商业周刊》发布2010年"全球最具创新力企业50强"名单，海尔集团排名第28位，是唯一上榜的中国家电企业

续表 5-1

年份	事项
2011	10月18日，海尔与日本三洋电机株式会社正式签署协议，收购三洋电机多项业务，将在日本以及东南亚形成2个研发中心、4个制造基地和6个区域的本土化市场营销架构； 12月28日，由《经济日报》主办的"2011中国自主创新年会"在人民大会堂举行，海尔集团首席执行官张瑞敏荣获"2011年度中国十大自主创新人物"，海尔集团荣获"2011年度中国十大创新型企业"
2011	12月15日，世界著名消费市场研究机构欧睿国际公布2011年全球家电市场最新调查数据，海尔集团在大型家电市场的品牌占有率提升为7%，第三次蝉联全球第一。在冰箱、洗衣机和酒柜的市场占有率连续蝉联全球第一的同时，冷柜的品牌和制造商零售份额也首次登顶全球第一。至此，海尔集团同时拥有"全球大型家电第一品牌、全球冰箱第一品牌、全球冰箱第一制造商、全球洗衣机第一品牌、全球酒柜第一品牌与第一制造商、全球冷柜第一品牌与第一制造商"共8项殊荣
2012	1月5日，海尔集团收购三洋电机株式会社家用电器业务交割仪式在东京顺利举行。海尔亚洲国际株式会社和海尔亚科雅销售公司成立，AQUA新品牌正式诞生； 11月6日，海尔集团宣布成为斐雪派克电器控股有限公司90%或超过90%股份的持有人或控股人，并根据收购条例要求启动强制收购，全面增持斐雪派克股份
2013	9月6日，海尔宣布与欧洲领先的家电制造商之一法格家电成立合资公司
2014	2月22日，继正在建设中的位于印度西部马哈拉施特拉邦的普纳工厂之后，中国家电大厂海尔集团计划在印度北部再建第二家工厂
2015	1月27日，WPP集团和华通明略公司共同发布了第五届Brandz最具价值中国品牌100强榜单。在家电行业分榜单中，海尔集团以19.3亿美元（约合120.6亿人民币）的品牌价值位居榜首； 7月14日，海尔美国宣布其位于印第安纳州埃文斯维尔的开放式研发中心挂牌成立
2016	3月6日上午，中共中央政治局常委、国务院总理李克强参加十二届全国人大四次会议山东代表团审议时，将海尔作为新动能转换的典范，海尔的互联网转型也吸引了人们的广泛关注； 6月7日，由海尔集团控股41%的青岛海尔股份有限公司和通用电气，双方就青岛海尔整合通用电气家电公司的交易签署所需的交易交割文件

2. 企业对外直接投资演进历程

海尔集团诞生于1984年,从一个濒临破产的地方集体小厂发展到如今全球布局投资并实现本土化经营的跨国家电集团,海尔集团始终致力于成为"时代的企业",终成为中国第一批全球公司。梳理30多年来的发展历程,按照企业对外直接投资的进程来划分,海尔集团发展过程可划分为四个阶段:第一阶段(1984—1993年)是海尔对外直接投资前准备、积累的时期,以国内经营及零散的出口贸易为主;第二阶段(1994—1998年)是海尔真正开始对外直接投资的初级阶段,这一时期的海外投资主要是为绕开贸易壁垒、带动国际营销;第三阶段(1999—2011年)是海尔海外投资范围最广、投资频率最高、市场进入方式最为多样的发展时期,这一阶段投资动机从带动营销向制造、营销、设计的全产业链国际布局扩展;第四阶段(2012年至今)海尔通过海外投资基本完成了家电业务全产业链的全球布局,进一步完善全球运营网络,形成海尔独有的全球知识学习和持续创新机制。

1) **国内经营及出口阶段**(1984—1993年)

海尔通过"名牌战略""多元化战略"赢取了国内家电行业的领导地位,并在发展之初就积极地参与国际知名的行业认证和评选,着力在国际市场塑造过硬质量和高端产品的品牌形象,为高起点的对外直接投资奠定基础。20世纪80年代,很多企业"大干快上",电冰箱生产以满足供不应求的家电需求,企业质量意识薄弱,整个行业粗放扩张特征明显,陷入恶性低质竞争。海尔在1984年创业之初,就从德国引进亚洲第一条四星级电冰箱生产线,同时引进了德国DIN标准及ISO国际标准,在质量体系认证、产品国际认证、检测水平国际认可等方面实现产品制造水平全方位与国际接轨,通过引进技术来实现高质量的产品制造能力跨越式发展,孕育了海尔制造能力起步就向国际水平看齐的先进基因;海尔没有盲目一味扩张产量,早在1985年就提出了"起步晚、起点高"的原则并制定了"名牌战略",并以"砸冰箱"事件率先赢得了国内外市场,以合格的世界供应商资质走向国际市场;1990年获得国内"国家质量管理奖"并通过美国UL认证,从此奠定了海尔冰箱在中国电冰箱行业的领头地位;1991年合并青岛电冰柜总厂和青岛空调器总厂后成立海尔集团,移植在电冰箱行业积累的管理、技术、人才、资金、企业文化等方面的成功模式,"多元化"战略将海尔的电冰箱行业优势推广到整个家电行业,1992年通过ISO 9001国际质量体系认证,1993年在德国TEST年度家电抽检结果报告中以8个"+"号评价位列受检冰箱质量第一名,奠定海尔在中国家电行业的领导地位。

2）海外投资带动国际营销阶段（1994—1998年）

海尔以"三个1/3"战略目标为国际化发展导向，即最终实现国内生产、国内销售占1/3，国内生产、海外销售占1/3，海外生产、海外销售占1/3。在出口贸易的基础上，海尔开始对外直接投资建立海外的产品生产和销售子公司，以绕开贸易壁垒，深入拓展国际市场。在20世纪90年代中后期，海尔开始尝试在海外设立非生产性机构，作为获取国际市场信息的前站。1994年，在巴黎设立了海尔贸易公司，面向法国和欧洲市场布局；1995年，海尔在香港成立贸易公司，面向全球布局营销网络；1996年6月，海尔获得美国优质科学协会颁发的"五星钻石奖"，海尔集团总裁张瑞敏个人被授予五星钻石终身荣誉，为海尔带来国际市场消费者的忠诚与美誉；1996年始，印度尼西亚海尔莎保罗有限公司、菲律宾海尔LKG电器有限公司、马来西亚海尔工业（亚细安）有限公司以及海尔与南斯拉夫工业联盟总公司合资的贝尔格莱德空调生产厂等海外子公司相继成立，着力打破关税壁垒，拓展东南亚、东欧等市场；1997年2月，海尔在德国科隆世界家电博览会上向国外经销商颁发产品经销证书，海尔品牌开始为国际市场所广泛接受；1998年，海尔的市场发展速度居世界家电业第一，获得美国《家电》周刊的高度评价，海尔在做大的同时实现了做强。

3）全产业链投资阶段（1999—2011年）

海尔正式提出并实施"国际化战略""全球化战略"，进入对外直接投资的高峰期，全面建设海外市场的销售网络、研发中心和制造基地。2001年，中国加入WTO，很多企业响应中央号召走出去，但出去之后遭遇困难又退回来继续做贴牌代工。海尔重点在发达国家投资，全方位获取发达国家的品牌、分销渠道和技术研发等高端资源，然后再高屋建瓴地辐射发展中国家。1999年，海尔海外建厂落地美国南卡州，并最终在美国实现了设计、制造、营销"三位一体"的本土化经营；同年美国海尔、欧洲海尔、中东海尔等海外子公司先后揭牌，海尔的分销渠道向发达国家市场的海外经销商全面覆盖；2001年，海尔集团在意大利并购迈尼盖蒂公司的冰箱厂，继美国海尔之后，海尔在欧洲也实现了设计、制造、营销"三位一体"的本土化经营；2002年，海尔与日本三洋建立新型竞合关系，约定互换市场资源；2003年，海外第一家欧倍德"海尔店中店"在德国欧倍德店内开业，海尔通过获取欧倍德分销渠道来扩大海尔品牌在德国市场的竞争力和影响力；2005年，海尔第三海外工业园"海尔中东工业园"在约旦撒哈布成立，这是中东地区规模最大的家电工业园，成为海尔集团在中东运作的一个枢纽；2006年，海尔集团首家澳大利亚专卖店在悉尼开业，同年，海尔与日本三洋株式会社合作成立合资公司——海尔三洋株式会社，合作之后海尔加上三洋在日本、泰国及全球的 270 万台冰箱制造能力成为全球最大的冰箱生产商；2009 年，海尔集团投资参与新西兰斐雪派克公司一项股权融资计划，由此获得新西兰知名的斐雪派克品牌；2011 年，海尔收购三洋电机多项业务，在日本以及东南亚形成 2 个研发中心、4 个制造基地和 6 个本土化区域市场营销网络。

此外，海尔在巴基斯坦、印度、委内瑞拉等发展中国家建设生产基地，寻求低成本、规模化的产能优势。2001 年海尔在巴基斯坦建立全球第二个海外工业园；2005 年，约旦撒哈布的海尔中东工业园建成，成为海尔集团在中东地区规模最大的家电工业园和重要的枢纽性基地；2006 年，海尔集团与巴基斯坦鲁巴集团合资建成巴基斯坦海尔-鲁巴经济区；2007 年，海尔集团在印度收购了一家产能 35 万台的冰箱厂，启动建设印度的第一座制造基地，通过收购降低关税，一台冰箱可节约成本 30%并缩短交货期；2009 年，海尔集团与委内瑞拉轻工业内贸部签署了《白色家电技术、标准输出及建立生产基地合作协议》，同年，海尔集团投资参与新西兰斐雪派克公司一项股权融资计划，其中包括定向增发、股东配股和补充增发三部分。此计划完成后，海尔集团获得该公司 20%的股份，成为该公司新的大股东。2009 年，海尔产品获得德国最高级别官方设计奖的参选提名，2010 年获 CES 国际消费类电子产品展览会"未来科技产品奖"、获德国"红点"设计大奖等系列国际荣誉，海尔集团的技术创新水平获得了国际业界的高度认可。

4）全球布局形成阶段（2012 年至今）

2012 年，海尔集团已建成 10 个研发中心、21 个工业园、24 个制造工厂和 61 个营销中心，覆盖五大洲的全球资源配置体系，成功完成企业的集团化、全球化，由此开启企业全球管理架构搭建的全球化升级战略。2012 年，海尔亚洲总部和研发中心正式落户日本，标志着海尔集团五大研发中心体系正式形成；海尔完成日本三洋电机家电业务、新西兰高端家电品牌斐雪派克、美国通用电气家电业务等国际知名品牌收购的交割，正式建成海尔六大全球品牌体系；自 2012 年后，海尔从传统制造家电产品的企业转型为面向全球社会孵化创客的平台，致力于颠覆传统企业自成体系的封闭系统，变成网络互联中的节点，推动海尔的商业网络从全球实体渠道向全球互联网升级。截至 2017 年，海尔生态圈已孵化和孕育着 2000 多家创客小微公司，诞生 470 个项目，汇聚 1328 家风险投资机构，为全社会提供超过 100 万个就业机会。

3. 企业对外直接投资战略动机及企业能力的演进历程

1) 海尔集团对外直接投资的战略动机演进情况

海尔集团对外直接投资始于 1994 年,经历了海外投资带动国际营销、全产业链投资、全球布局形成三个阶段,且每个阶段的战略动机特征明显。海尔集团在发展历程中的对外直接投资战略动机特征变化详见表 5-2。

表 5-2 海尔集团对外直接投资的战略动机特征演进

年份	标志性对外直接投资事件	战略动机特征
1995	在巴黎设立贸易公司	构建面向欧洲的销售网络
1997	相继成立菲律宾海尔 LKG 电器有限公司、马来西亚海尔工业(亚细安)有限公司和在南斯拉夫的合资空调生产厂	拓展东南亚、东欧市场
1999	在美国南卡州建立海外工厂	形成美国的设计、制造、营销"三位一体"本土化经营体系,获取设计、制造和营销的全产业链资源
2001	在巴基斯坦建立全球第二个海外工业园	获取发展中国家低成本产能及当地市场
2003	海外第一家欧倍德"海尔店中店"开业	进一步获取国际市场资源
2011	收购三洋电机	在日本以及东南亚形成 2 个研发中心、4 个制造基地和 6 个区域的本土化市场营销架构
2012	海尔亚洲总部和研发中心落户日本	形成全球管理体系和研发体系
2014	在印度再建第二家工厂	建成 21 个工业园、8 家互联工厂构成的全球生产基地体系
2016	收购美国通用电气家电公司	形成全球六大品牌体系

绕开贸易壁垒、进一步拓展国际市场是海尔集团启动对外直接投资的首要战略动机。在对外直接投资的初期,海尔集团在法国巴黎、中国香港相继设立贸易公司,并在印度尼西亚、菲律宾、马来西亚、南斯拉夫设立合资生产企业,一方面,面向欧洲和全球直接设点,布局销售网络;另一方面,利用海尔在品牌、科技和质量上的优势以及合作公司在当地市场网络的优势,面向东南亚、

东欧实现产销一体布局。1999年,以海尔在美国南卡州建立工厂为标志,海尔开始在欧美发达地区建立设计、制造和营销三位一体的"本土化"经营体系;在日本、印度及新西兰的收购,在全球不同区位分别获取品牌及市场渠道、制造能力及研发等全产业链资源;同时在1999年至2011年期间,海尔并购日本三洋、新西兰斐雪派克等国际知名品牌,兼顾在发展中国家成立生产基地。此后,以在2012年海尔亚洲总部和研发中心落户日本为标志,海尔全球五大研发体系、六大世界级品牌体系以及由21个工业园和8家互联工厂构成的全球生产基地体系相继建成,全球公司的运营管理格局蔚然成型。

2)海尔集团对外直接投资的企业能力演进情况

海尔集团对外直接投资不同阶段的企业能力如表5-3所示。

表5-3 海尔集团对外直接投资演进的能力

年份	标志事件	能力识别
1994	海尔超级无氟电冰箱参加世界地球日的展览,成为唯一来自发展中国家的环保产品	产品制造能力
1997	海尔参加了在德国科隆举行的世界家电博览会,向国外经销商颁发产品经销证书	国际营销能力
1998	拥有49家海外经销商,经销网点1.1万余个,出口覆盖以欧美、东南亚为主的87个国家和地区	国际营销能力
1999—2011	在美国、欧洲、日本建立设计、制造、营销"三位一体"的本土化经营体系,在越南、约旦、巴基斯坦等发展中国家建立生产基地,获取不同国家和地区的优势资源,并打通国际资源嫁接、转移和互换的通道	资源整合能力
2010	全球首推"无尾"电视解决方案,并获2010年度CES国际消费类电子产品展览会"未来科技产品奖"	技术创新能力
2015	在第二届海尔商业模式创新全球论坛上发布人单合一模式2.0,创建"共创共赢"全球生态圈	全球学习能力
2016	收购通用电气家电公司(GEA),并推行GRE与青岛海尔母公司的并表协同管理	全球运营能力

在推动海尔集团对外直接投资战略阶段性跃进的背后,是海尔企业能力的相应跟进和支撑。其一,在海尔对外直接投资启动的初期,享誉国内外业界的

高质量产品制造能力是海尔产品"走出去"乃至企业"走出去"的前提,同时也是海尔设立合资企业所倚重的优势并不断得以强化的能力;借助在发达国家的市场美誉度,是海尔国际营销能力的基础,并通过对外直接投资不断延伸销售网络而得以强化。其二,以品牌影响力为依托的资源整合能力和技术创新能力,是推动海尔对外直接投资进入高潮的核心能力。其三,在全球布局形成阶段,体现为"三位一体"本土化运营体系是海尔的全球运营能力,"人单合一双赢"模式促成海尔独特的全球学习机制,成为海尔持续高效配置全球资源的动态能力。

5.2.2 华为公司对外直接投资战略演进

1. 企业简介[①]

华为公司 1987 年创立于作为改革开放前沿的深圳,从一家销售代理用户交换机的弱势民企起步,历经 30 年的发展,现已成为世界 500 强公司、全球移动通信设备行业巨头,为运营商客户、企业客户和消费者提供信息与通信技术(ICT)解决方案、产品和服务,市场覆盖全球 170 多个国家和地区。截至 2016 年底,华为公司全球营业额达 5215.74 亿元,净利润 370.52 亿元,华为的海外销售占比达 55%;近 6 年,收入复合增长率达 24%、利润复合增长率达 23%。[②] 华为公司发展历程详见表 5-4。

表 5-4 华为公司发展历程

年份	事项
1987	创立于深圳,是一家生产用户交换机(PBX)的香港公司的销售代理
1989	组装 BH01 产品之后又投入研发 BH03、HJD48 等产品
1990	自主研发面向酒店与小企业的 PB 技术并进行商用
1992	研发并推出农村数字交换解决方案
1994	研发 C&C08 产品,标志着华为在国内电信市场上开始占有一席之地
1995	华为成功兼并上海中外合资贝尔通信企业
1996	华为与长江实业旗下的和记电讯合作,提供以窄带交换机为核心的"商业网"产品

---

① 资料来源:根据华为官网、年报、相关媒体报道、《华为国际熵变史》等整理。
② 华为 2016 年年度报告。

续表 5-4

年份	事项
1997	在俄罗斯乌法市建立了第一家合资公司——贝托-华为合资公司，由俄罗斯贝托康采恩、俄罗斯电信公司和华为三家合资，采取的经营战略是本地化模式； 在巴西投入 3000 多万美元建立了合资企业； 推出无线 GSM 解决方案
1998	将国内市场拓展到中国主要城市
1999	在印度班加罗尔设立研发中心，该研发中心分别于 2001 年和 2003 年获得 CMM4 级认证、CMM5 级认证； 在巴西开设了拉美首家海外代表处； 在厄瓜多尔的首都基多和瓜亚基尔市各设立一个办事处
2000	在瑞典首都斯德哥尔摩设立研发中心
2001	在曼谷成立了华为泰国分公司； 在伦敦成立英国分公司； 在美国设立四个研发中心； 加入国际电信联盟（ITU）
2003	与 3Com 合作成立合资公司，专注于企业数据网络解决方案的研究
2004	与西门子合作成立合资公司，开发 TD-SCDMA 解决方案； 3 月 20 日，华为欧洲地区总部新药技术研发中心在英国贝辛斯托克落成； 3 月 25 日，在英国设立欧洲地区总部
2005	在纳米比亚、尼日利亚投资，与当地主流移动运营商 MTC、MTN 等开展战略合作，进军非洲市场； 与沃达丰签署《全球框架协议》，正式成为沃达丰优选通信设备供应商
2006	与摩托罗拉合作在上海成立联合研发中心，开发 UMTS 技术； 推出在全球范围的新企业标识
2007	与赛门铁克、Global Marine 合作成立合资公司，开发存储和安全产品与解决方案和海缆端到端网络解决方案，并在年底成为欧洲所有顶级运营商的合作伙伴
2008	被商业周刊评为全球十大最有影响力的公司。据世界知识产权组织统计，在 2008 年专利申请公司（人）排名榜上排名第一，华为在移动设备市场领域排名全球第三

续表 5-4

年份	事项
2009	成功交付全球首个 LTE/EPC 商用网络，获得的 LTE 商用合同数居全球首位； 率先发布从路由器到传输系统的端到端 100G 解决方案； 获得 IEEE 标准组织 2009 年度杰出公司贡献奖； 获英国《金融时报》颁发的"业务新锐奖"，并入选美国 *Fast Company* 杂志评选的最具创新力公司前五强
2010	在英国成立安全认证中心； 获英国《经济学人》杂志 2010 年度公司创新大奖； 加入联合国世界宽带委员会
2011	以 5.3 亿美元收购美国华赛； 建设 20 个云计算数据中心； 在全球范围内囊括六大 LTE 顶级奖项； 整合成立了"2012 实验室"
2012	加强了在欧洲的投资，重点加大了对英国的投资，在芬兰新建研发中心，并在法国和英国成立了本地董事会和咨询委员会； 在 3GPP LTE 核心标准中贡献了全球通过提案总数的 20%；发布业界首个 400G DWDM 光传送系统，在 IP 领域发布业界容量最大的 480G 线路板；和全球 33 个国家的客户开展云计算合作，并建设了 7 万人规模的全球最大的桌面云
2013	全球财务风险控制中心在英国伦敦成立，监管华为全球财务运营风险，确保财经业务规范、高效、低风险地运行； 欧洲物流中心在匈牙利正式投入运营，辐射欧洲、中亚、中东非洲国家； 作为欧盟 5G 项目主要推动者、英国 5G 创新中心（5GIC）的发起者，发布 5G 白皮书，积极构建 5G 全球生态圈，并与全球 20 多所大学开展紧密的联合研究； 持续领跑全球 LTE 商用部署，已经进入了全球 100 多个首都城市，覆盖九大金融中心，发布全球首个以业务和用户体验为中心的敏捷网络架构及全球首款敏捷交换机 S12700，满足云计算、BYOD、SDW、物联网、多业务以及大数据等新应用的需求；以消费者为中心，以行践言持续聚焦精品战略，其中旗舰机型华为 Ascend P6 实现了品牌利润双赢，智能手机业务获得历史性突破，进入全球 TOP3，华为手机品牌知名度全球同比增长 110%

续表 5-4

年份	事项
2014	在全球 9 个国家建立 5G 创新研究中心；承建全球 186 个 400G 核心路由器商用网络；全球研发中心总数达到 16 个，联合创新中心共 28 个；在全球加入 177 个标准组织和开源组织，在其中担任 183 个重要职位
2015	根据世界知识产权组织公布数据，2015 年企业专利申请排名，华为以 3898 件连续第二年位居榜首；华为 LTE 已进入全球 140 多个首都城市，成功部署 400 多张 LTE 商用网络和 180 多张 EPC 商用网络
2016	华为支持全球 170 多个国家和地区的 1500 多张网络的稳定运行，服务全球 1/3 以上的人口

2. 企业对外直接投资演进历程

华为对外直接投资起步于 1996 年，短短 20 年的海外拓展，从一个国内小代理商发展到如今业务覆盖 170 多个国家和地区的全球首屈一指的电信供应商，华为 30 年的发展历程可划分为国内经营及出口（1987—1996 年）、海外投资带动国际营销（1997—1999 年）、全产业链投资（2000—2011 年）、全球布局形成（2012 年至今）四个阶段。华为对外直接投资战略在俄罗斯正式启动，后拓展到拉美等发展中国家和地区，再到东南亚、中东等国家和地区，最后到欧美发达国家和地区。华为步步为营，从其稳健的发展次序可以看出，华为的对外直接投资选择的是"农村包围城市"的战略路径，遵循了由浅入深的"先易后难"全球化升级过程。

1）国内经营及出口阶段（1987—1996 年）

华为起步于一家用户交换机（PBX）的销售代理。在其发展过程中确立了"农村包围城市"的战略，循序渐进，经过了从生产用户交换机的销售代理到产品组装代工、初级产品自主研发的逐步积累，并通过兼并合资企业和"试水"香港市场，为对外直接投资奠定了扎实的产品基础和积累了丰富的市场经验。1987 年，华为创立于深圳，是一家生产用户交换机（PBX）的香港公司的销售代理；1989 年，在销售代理的差价利润难以为继的背景下，华为尝试组装生产 BH01、BH03、HJD48 等初级产品；1990—1992 年，华为将主要市场锁定在农村地区，自主研发并推广面向小企业的 PBX 技术以及农村数字交换解决方案；1994 年，华为研发出 C&C08 产品，由此拥有了国内电信市场上具有竞争力的产品制造能力；1995 年，华为兼并作为上海中外合资企业的贝尔通信，获得了具有知识产权的基础性品牌产品，拥有了正式走向国际市场的自主品牌基础；1996年，华为与长江实业旗下的和记电讯合作，在香港市场提供以窄带交换机为核心的"商业网"产品，经过香港市场的初步尝试，华为的C&C08机打入香港市话网，开通了许多中国内地市场未开通的新业务，在香港更为严苛的产品质量要求以及更为接近国际市场的环境下，使华为积累了更适应国际市场的产品基础和运营经验。

2）海外投资带动国际营销阶段（1997—1999年）

在国内市场的压力下，华为走出国门寻求新市场，并且结合企业能力基础，华为的对外直接投资是选择从存在市场空白、准入门槛不高的俄罗斯和拉美市场起步。自1995年后，中国较低的关税政策和之后加入WTO的对外开放，跨国公司以低价策略侵入国内通信设备市场，国内市场竞争程度剧增。面对严峻的市场环境，"先弱后强""先易后难"极具迂回策略并耐心坚守的拓展海外市场空间，成为华为正式对外直接投资的第一步战略选择。1997年俄罗斯陷入经济低谷，在NEC、西门子、阿尔卡特等国际电信设备巨头选择撤离而出现市场空白的时候，华为决定进入，与俄罗斯贝托康采恩、俄罗斯电信公司合资，在俄罗斯乌法市建立了第一家合资公司贝托-华为合资公司，并派出100多人的营销队伍到俄罗斯开拓市场，在持续投入4年后才获得乌拉尔电信交换机和莫斯科MTS移动网络两大项目的规模销售成绩，成功进入市场潜力巨大的俄罗斯及独联体国家，开启企业走出去的对外投资历程。20世纪90年代末期，拉美地区整体经济水平处于全球中等水平，政府加大了对通信行业的投资，面对拉美这一极具潜力的市场，华为开展"先国家、再公司"的"新丝绸之路"活动，市场开拓轨迹遵循国家外交路线，利用国家品牌提升企业品牌，1997年在巴西投入3000多万美元建立合资企业，1999年在巴西设立了首家拉美办事处，在厄瓜多尔的首都基多和瓜亚基尔市各设立一个办事处，深入开拓拉美市场，目前在拉美已成功取得与超过50家运营商及跨国渠道的深度合作。

3）全产业链投资阶段（2000—2011年）

为进一步提升国际市场竞争力，华为对外直接投资战略从市场的重点突破到全球均衡布局，设立合资公司、销售分公司、研发中心等，多措并举。一是持续深化拓展国际市场，从东南亚、中东、南非等次发达国家市场，再到欧美发达国家市场。2001年，在曼谷成立华为泰国分公司，与泰国的主流移动、固定电信运营商建立了良好的长期合作关系，开始拓展东南亚市场；2001年，华为在伦敦成立了英国分公司，2004年在英国设立欧洲地区总部，以英国为基地开拓欧洲市场，并在 2007 年底成为欧洲所有顶级运营商的合作伙伴；2005 年，华为在纳米比亚、尼日利亚投资，与当地主流移动运营商 MTC、MTN 等开展战略合作，进军非洲市场；2005 年，华为与沃达丰签署《全球框架协议》，加快华为在移动通信领域的全球扩张。二是通过设立销售分公司、合资子公司、研发机构等多种形式，获取品牌及分销渠道、技术研发等高端资源，以此提升企业的全球竞争力。2000—2007 年，华为分别在瑞典、美国、英国设立研发中心，与 3Com、西门子、赛门铁克、Global Marine 等国际龙头企业合作成立专注网络解决方案研究的合资公司，海外研发体系开始布局；2010 年，在英国成立安全认证中心，同年加入联合国世界宽带委员会；2011 年，回购股份并全资控股华为赛门铁克，整合成立"2012 实验室"，打造为华为公司创新、研究和开发的平台主体；2012 年，华为加强了在欧洲的投资及本地化运营，并和全球 33 个国家的客户合作建设了 7 万人规模的全球最大桌面云。

4）全球布局形成阶段（2012 年至今）

在完成全球布局后，华为的自主品牌辐射世界范围。截至 2016 年，华为支持全球 170 多个国家和地区的 1500 多张网络的稳定运行，服务全球 1/3 以上的人口，技术专利申请总量保持全球第一。为了充分整合全球资源和维系全球运营，华为已建成多个运营中心和资源中心等全球平台。一是全球行政中心。在英、法、美等发达国家的商业领袖聚集区成立本地董事会和咨询委员会，在英国建立行政中心，在德国成立跨州业务中心，提高全球运营效率。二是全球财务中心。建立了覆盖全球的新加坡财务中心、中国香港财务中心、罗马尼亚财务中心、英国全球财务风险控制中心，分片区管理财务成本和风险。三是全球研发中心。在全球 9 个国家建立 5G 创新研究中心，建成 28 个全球联合创新中心，建成 16 个全球研发中心，在全球范围与各高校以及数学家、物理学家长期深度合作，充分利用全球智力资源和开发本地化产品。四是全球供应链中心。拥有匈牙利欧洲物流中心（辐射欧洲、中亚、中东、非洲）、巴西制造基地、波兰网络运营中心等，维系极高的全球交付和服务水平。五是全球产业联盟的组织角色。截至 2016 年底，华为加入 360 多个标准组织/产业联盟/开源社区，成为 ICT 行业国际标准、产业链与生态圈建设的重要贡献者；联合产业合作伙伴共创绿色计算联盟、全球 5G 汽车联盟、OPRC（Open ROADS Community）产业联盟等，共同做大产业空间。[①]

---

① 数据来源：华为 2016 年年度报告。

3. 企业对外直接投资战略动机及企业能力的演进历程

1) 华为对外直接投资的战略动机演进情况

华为公司对外直接投资始于1997年,经历了海外投资带动国际营销、全产业链投资、全球布局形成三个阶段,且每个阶段的战略动机特征明显。华为公司在发展历程中的对外直接投资战略动机特征变化详见表5-5。

表5-5 华为公司对外直接投资的战略动机特征变化

年份	标志性对外直接投资事件	战略动机特征
1997	在俄罗斯成立第一家海外合资企业	在国内市场饱和的压力下,华为走出国门寻求有市场空白、准入门槛不高的海外新市场
1999	在巴西开设了拉美首家海外代表处	开拓富有潜力的拉美市场
2000	在瑞典首都斯德哥尔摩设立研发中心	获取发达国家的研发资源和市场信息
2004	在英国设立欧洲地区总部	面向欧洲市场
2011	收购美国华赛	获得存储安全产品业务
2012	在法国和英国成立了本地董事会和咨询委员会	形成适应全球化的公司治理结构
2013	全球财务风险控制中心在英国伦敦成立	统一管理全球的财务运营风险,确保财经业务规范、高效、低风险地运行

回避国内市场压力、寻求国际市场的发展空间是华为公司启动对外直接投资的第一步战略动机。在作为对外直接投资第一阶段的1997—1999年,华为公司先在俄罗斯设立合资公司,继而在拉美设立办事处。华为公司对外直接投资的第一步成功,得益于国际营销的目标选择适宜,正是俄罗斯和拉美两大市场的低门槛和高潜力特征促成华为快速打开国际市场。2000年,华为公司在瑞典设立首家海外研发中心,随后与赛门铁克、3Com、西门子等国际龙头公司相继成立的合资公司均专注研究开发,华为对外直接投资战略从市场开拓的单一目标向获取市场渠道、提升技术创新能力等更为多元的目标转变。2012—2013年,在法国和英国成立本地董事会和咨询委员会,在英国、匈牙利分别成立全球财务风险控制中心和欧洲物流中心,标志着华为搭建全球公司的布局和运营管理架构基本完成。

2) 华为对外直接投资的企业能力演进情况

华为对外直接投资不同阶段的企业能力识别见表 5-6。

表 5-6　华为公司对外直接投资演进的能力识别

年份	标志事件	能力识别
1997	移动通信产品线投入商用，成功打破欧美对中国移动通信市场的垄断	产品制造能力
1997—2000	在国际行业巨头退出的背景下乘虚进入俄罗斯市场，坚持开拓4年，终从俄罗斯国家电信局获得第一份国际订单	国际营销能力
2006	成为沃达丰合作伙伴，将华为低价优势与沃达丰国际3G市场结合	资源整合能力
2008	专利申请量居世界第一	技术创新能力
2016	拥有业界最为全面的产品线，依靠100多个世界级分支机构，建成了覆盖全球170多个国家和地区、1/3以上人口的服务网络	全球运营能力
2016	通过全球15个研究院/所、36个联合创新中心，在全球范围内与各高校以及数学家和物理学家开展创新合作，共同推动技术的进步	全球学习能力

伴随华为公司对外直接投资战略的循序渐进、步步为营的是华为企业能力的逐步升级。其一，在对外直接投资启动之前，华为已经通过"试水"香港市场，积累了看齐国际市场标准的产品制造能力，积累了企业"走出去"的底气。其二，到俄罗斯开始第一步对外直接投资并获得成功，靠的是华为"农村包围城市""先难后易"的国际营销策略，并坚持投入多年终获市场信任的国际营销能力。其三，兼顾自主研发和消化吸收的二次研发，逐步提升技术创新能力，推动华为在技术密集型通信行业建立全球市场领先的行业地位和品牌形象；在市场覆盖全球的过程中，华为逐步形成整合全球资源的品牌和平台，与全球顶级运营商建立合作关系，加快全球化进程。其四，在对外直接投资战略的全球升级阶段，依托全球服务网络和合作伙伴网络奠定华为高效的全球运营能力，以及在研发方面的高投入和全球联合创新机制形成华为领先的全球学习能力，是华为坚守全球领导地位的动态能力。

5.2.3 万向集团对外直接投资战略演进

1. 企业简介①

万向集团从 1969 年创办的农机修配厂开始，以年均递增 26% 的速度，至今已发展为一家营业额过千亿、利润超百亿的现代化跨国企业集团，是中国具有国际竞争力的 16 家世界品牌企业之一。截至 2016 年底，万向集团实现营业收入 1158 亿元，净利润 100 亿元；海外业务收入占 20% 左右，海外投资平均年净资产回报率超 50%。② 万向集团发展历程见表 5-7。

表 5-7 万向集团发展历程

年份	事项
1969	7 月，万向集团前身——宁围人民公社农机修理厂组建成立
1978	7 月，改名为"萧山宁围方向节厂"
1979	12 月，将其他产品调整下马，集中力量生产汽车万向节
1980	9 月召开"质量月"动员大会，并对 3 万套不符合标准的万向节作废品处理；12 月按机械工业部企业整顿验收十二项标准，省、市、县组成的验收团来厂验收，以 99.4 分成绩通过验收
1982	9 月，被浙江省人民政府授予"浙江省先进集体"称号；10 月，CA10、JN150、EQ140 万向节被浙江省计委评为省优质产品
1983	12 月，"钱潮"牌万向节被农业部公布为部优产品
1984	参加广交会，获得美国舍勒公司的 3 万套万向节产品出口购货合同；此后，通过 OEM 的方式逐渐成为美国一些零部件企业的供应商，并通过这些中间商销售给了通用、福特等美国大型汽车制造商
1986	1 月，"钱潮"牌万向节被机械工业部公布为部优产品；9 月，经国务院批准，拥有了自营进出口权，并被确定为万向节出口基地
1987	3 月，被中国企业管理协会授予 1986 年全国企业管理优秀奖——金马奖
1988	1 月，万向节产品被国家质量奖评审委员会评为国家银质奖；6 月，被农业部授予出口创汇金龙奖
1990	被评为浙江省计划单列集团，并通过国家一级企业正式验收考评

---

① 资料来源：根据万向官网、《万向报》及相关媒体报道等信息资料整理。
② 陈抗：《万向集团："常青树"的利润奶牛是什么》，载《浙商》，2017 年 6 月（上）。

续表 5－7

年份	事　项
1991	被国务院命名为国家一级企业
1992	在美国成立第一个海外办事处，并派驻销售人员
1993	4月，被评为中国百家知名企业；国务院机电产品办公布的1992年出口500万美元以上生产企业名单，以780万美元名列第247位
1994	在美国芝加哥西北部工业区正式成立万向美国公司，成为负责万向集团国际业务的海外子公司
1995	获美国 UL 认证
1996	万向美国公司销售收入突破1000万美元，相继成立了万向欧洲公司、万向南美公司等7个海外子公司； 12月，万向集团技术中心获国家经贸委、国家税务总局、海关总署确认为第四批享受优惠政策的国家级企业技术中心
1997	6月，根据中国乡镇企业协会数据，万向排名中国最大出口创汇乡镇企业第25位； 7月，收购英国 AS 公司60%股权成立万向欧洲轴承公司； 8月，与美国通用公司正式签订供货合同，成为中国汽车零部件第一个进入美国整车配套市场的企业，并相继成为福特、克莱斯勒、大众等直接或间接的供应商
1998	10月，获农业部、国家对外贸易经济合作部授予的"全国乡镇企业出口创汇十强企业"及"全国出口创汇先进乡镇企业"称号
1999	作为全国唯一的一家汽车零部件企业被国务院确认为520户国家重点企业； 获"中国企业管理杰出贡献奖"； 获批成立企业博士后科研工作站
2000	将万向美国公司打造为跨国经营和海外市场建设的集团平台，并设立北美技术研发中心作为海外研发的核心； 4月，整体收购美国舍勒公司； 6月，收购美国 ID 公司51%股权； 9月，收购美国麦科公司50万股优先股； 10月，收购美国汽车轮毂制造装配企业 LT 公司35%股权，成为第一大股东，获取北美首个加工装配基地

续表 5-7

年份	事项
2001	1月，收购美国 QAI 公司 10% 股权，成为其第三大股东； 8月，收购并控制美国上市的制动器产销企业 UAI 公司，获取制动器品牌及销售渠道、长期采购合同； 共完成科技攻关项目 247 项，新产品、新品种设计投产 902 个；获得国家级重点新产品、国家级火炬项目、国家级创新基金各 1 项，获得"九五"国家技术改造优秀项目和国家重点技术改造"双高一优"项目共 4 项；34 个项目获得国家专利权； 作为唯一一家以汽车零部件为主业的企业列入国家经贸委公布的 2000 年度重点企业百强榜
2002	在美国，新增并实施 DET 等 5 个高科技及创新项目； 12月，收购美国轴承企业 GBC 公司，获得完整的销售网络
2003	万向研究院在 301 家国家认定企业中心年度评价中名列第二； 收购作为万向节传动轴发明者和全球一级供应商的美国洛克福特公司 33.5% 股权，成为其第一大股东，获取品牌、专利技术和研发资源；收购美国历史最悠久的轴承生产企业 GBC 公司，与 TRW、DANA 等形成战略合作关系
2005	6月，收购作为美国驾驶系统零部件制造企业的 PS 公司 60% 股权，成为福特的核心配套供应商，成为在北美制造并直接供货美国三大汽车制造商的一级供应商
2006	"钱潮（QC）"牌万向节被评为中国名牌产品，占领全国 70% 以上的市场； 万向被商务部定为重点培育的汽车零部件出口基地企业
2007	7月，投资收购作为模块装配和物流管理企业的美国 AI 公司 30% 股权，成为其第一大股东
2008	1月，全额收购美国福特在蒙洛的传动轴工厂，获取全部生产业务和产能、技术
2009	3月，全额收购美国 Vista-Pro 公司，成为汽车水箱最大供应商； 3月，全额收购美国 DS 汽车转向轴业务的所有有效资产，获得全部专利及知识产权； 6月，全额收购美国环球控制系统公司（GSS）
2010	7月，完成对 T-D 公司的收购，新增年产 200 万支传动轴、450 万支等速驱动轴产能，万向等速驱动轴产品名列世界第一； 8月，万向美国公司经营的 20 兆瓦太阳能板生产项目在美国伊利诺伊州洛克福德市正式投产 10月，全额收购美国 D&R 公司，进入汽车电子行业

续表 5-7

年份	事项
2011	1月，与美国 Enerl 公司合资合作成立浙江万向亿能动力电池有限公司，引进 Enerl 先进技术生产零排放新能源汽车电池
2013	1月，收购美国 A123 系统公司，获得世界先进新能源锂电池技术； 7月，整体收购美国 BPI 公司，获得居全美售后市场规模第一的刹车零件产能
2014	3月，收购美国电动汽车制造商 Fisker（菲斯科）汽车公司
2015	11月，万向旗下 Karma（原菲斯科）与宝马公司建立重要合作伙伴关系
2016	万向美国在整个集团的份额达到 20% 左右； 8月，万向集团公司在"2016 中国企业 500 强"中排名第 125 位

2. 企业对外直接投资演进历程

万向集团前身是 1969 年成立的乡镇企业，出口贸易始于改革开放早期的 1984 年，对外直接投资始于 1992 年，经过 30 余年海外拓展，万向已从单一的产品代工发展为拥有数十家海外企业的国际多元化集团，构建起了涵盖 60 多个国家和地区的全球资源配置网络。万向 50 余年的发展历程可划分为国内经营及出口（1969—1991 年）、海外投资带动国际营销（1992—1997 年）、全产业链投资（1998—2006 年）、全球布局形成（2007 年至今）四个阶段。万向的海外扩张依托万向美国公司为核心，先后在美国、加拿大、英国、德国、墨西哥、巴西、委内瑞拉等 10 个国家设立 22 家公司、40 余家工厂，构建起汽车零部件业务的全球网络，同时，发挥已有优势寻求全球新投资机会，为万向其他产业进入国际市场提供支持。

1) **国内经营及出口阶段**（1969—1991 年）

1969 年万向集团前身——宁围人民公社农机修理厂组建成立；1979 年，万向决定放弃其他产品，将生产方向定位为万向节产品；正当 20 世纪 80 年代初，全国汽车零配件市场"价格战"恶性竞争的时候，万向率先打出"质量战"的战略导向，一改当时"出厂概不退换"的行业惯例，坚决回收退货产品，正是万向前瞻性的战略眼光奠定了万向扎实的产品制造基础。1984 年，因为自身是乡镇企业属性未进入国家采购计划，万向公司积极参加广交会等各种展销会平台推销产品，凭借较高的性价比优势，获取了第一批产品出口订单——为美国舍勒公司贴牌生产 3 万套万向节，成为第一个汽车零部件出口美国的中国企业，由此推动万向产品走向国际市场。1986 年，万向凭借高质量的出口产品，经国务院批准获得自营进出口权,被确定为万向节出口基地。随着国际市场的扩大,万向通过 OEM 方式成为美国更多零部件企业的供应商,最终与通用、福特等美国大型汽车制造商建立配套关系,最终获取了美国三分之一的汽车零部件市场份额。在正式启动对外直接投资之前,万向公司作为配套供应商,成功融入大型汽车跨国公司的全球采购网络,初步获取了先进的国际经营管理经验,为以后企业对外投资提供了良好的基础。

2）海外投资带动国际营销阶段（1992—1997 年）

万向通过代工产品出口积累了一定的国际贸易经验后,为了绕开中间商的垄断性代理和贸易壁垒,进一步打开国际市场,万向启动企业"走出去"进程。1992 年,为绕开美国舍勒公司要求独家包销出口产品的垄断威胁,万向公司在美国设立了第一家海外办事处,直接开展自主的海外市场销售;1994 年,万向正式在美国注册成立了第一家海外子公司——万向美国公司,以此为海外拓展的基地,全权负责万向集团的国际市场拓展、资本并购和品牌建设;1996 年,万向欧洲公司、万向南美公司等 7 个海外销售公司相继成立,建立了涵盖多个国家和地区的国际营销网络;并从欧美汽修零配件市场进入欧美整车配套市场。1997 年 8 月,万向成功成为美国通用公司的供货商,并相继成为克莱斯勒、福特、大众等直接或间接的供应商,为中国汽车零部件第一个进入美国整车配套市场的企业。在此阶段,万向集团通过海外自建办事处和子公司,推动自身企业组织边界和战略体系突破国界,为日后海外并购发展和多元化扩张做好铺垫。

3）全产业链投资阶段（1998—2006 年）

万向通过收购股份、资产、战略合作等方式,获取美国知名汽配公司的品牌、市场网络、技术研发等资源,从万向节单一的汽配供应商转型升级为多元化产品（轴承、制动器、汽车电子、水箱等）的汽配供应商,从汽车全球价值链中的产品供应商升级为关系型供应商和资源整合平台。2000 年初万向组建了北美技术中心,随后以万向北美技术中心为海外技术创新体系的核心,先后在万向欧洲、万向南美等海外公司设立了二级研发机构;将万向美国公司作为整合各家海外子公司、统管海外运营的海外业务集团总部,之后收购了美国舍勒公司、QAI 公司、UAI 公司、GBC 公司、洛克福特公司、Fisker 公司等 20 多家海外公司,并在立足美国基础上,先后并购加拿大、英国、澳大利亚等发达国家企业。由于海外创品牌历时长、成本高,一般在国外培育一个品牌的赔付期是 8～9 年,万向主要是利用跨国并购来整合目标国品牌,将吸收先进技术、利用原有的市场品牌和渠道相结合,与更高层次的行业龙头企业形成战略合作关系,快速提升了海外市场份额。

4) **全球布局形成阶段（2007年至今）**

2007年7月,万向投资收购作为模块装配和物流管理企业的美国AI公司,完成全球供应链体系建设;2008—2013年,万向相继收购福特蒙洛工厂、Vista-Pro公司、DS、GSS、T-D、D&R、BPI等汽配业界领先公司,与宝马公司建立重要合作伙伴关系,持续完善汽配业务的全球先进技术、产能和市场网络;2010—2014年,万向美国太阳能板项目投产,并收购了美国A123、Fisker等新能源电池和新能源汽车公司,在完成汽配业务的全球布局后,又开启新能源业务的新一轮全球布局循环。

3. 企业对外直接投资战略及企业能力的演进历程

1) **万向对外直接投资的战略动机演进情况**

万向集团对外直接投资始于1992年,经历了海外投资带动国际营销、全产业链投资、全球布局形成三个阶段,不但完成了汽配业务的全球布局进程,而且开启多元业务的全球化进程。万向集团在发展历程中的对外直接投资战略动机特征变化详见表5-8。

表5-8 万向集团对外直接投资的战略动机特征变化

年份	标志性对外直接投资事件	战略动机特征
1992	在美国成立第一个海外办事处	为了绕开美国舍勒公司独家包销代理的垄断威胁和避开贸易壁垒
1997	收购英国AS公司60%股权成立万向欧洲轴承公司	获取欧洲轴承市场的分销渠道
2000	整体收购美国舍勒公司	获取舍勒公司的品牌及市场渠道、设备及专利技术
2007	收购作为模块装配和物流管理企业的美国AI公司	完成汽配业务的全球供应链布局
2008—2013	收购福特蒙洛工厂、Vista-Pro、DS、GSS、T-D、D&R、BPI等业界领先公司,与宝马公司建立重要合作伙伴关系	持续完善汽配业务的全球先进技术、产能和市场网络
2014	收购美国电动汽车制造商Fisker(菲斯科)汽车公司	在完成汽配业务全产业链的全球布局基础上,开启新能源汽车产业链的全球布局进程

为了绕开美国贸易壁垒及舍勒公司独家代理的垄断威胁，万向决定"走出去"以进一步开拓国际市场。1992—1997年，在对外直接投资起步阶段，万向先在美国设立海外办事处，继而升级为万向美国公司，相继成为通用、福特、克莱斯勒、大众等直接或间接的供应商，从美国汽车修理零部件市场成功进入美国整车配套市场。2000年，将万向美国公司整合为负责跨国经营和海外市场建设的集团平台，以万向美国为主体，在5年内相继收购美国舍勒、洛克福特、LT、QAI、UAI、GBC、PS等近10家国际汽配行业龙头公司，与TRW、DANA等形成战略合作关系，通过系列收购，全面快速获取国际品牌及市场渠道、设备及专利技术，并从花旗、美林等国际金融机构获取资本，着力构建全球资源获取网络，标志着万向集团从国际营销到国际资源获取的跨国发展战略转型。2007年后，以万向美国为海外业务核心平台，通过并购汽配业务完成产、销、研及配送的产业链全球布局，从"国际营销""国际生产"的国际化战略模式发展为反向OEM（定点生产）战略模式，实现用欧美的设备和专利技术，在中国加工、北美装配、全球销售的全球资源配置功能。

2) 万向对外直接投资的企业能力演进情况

万向对外直接投资不同阶段的企业能力辨识详见表5-9。

表5-9 万向集团对外直接投资演进的能力识别

年份	标志事件	能力识别
1995	万向钱潮公司质量体系获美国UL认证	产品制造能力
1997	万向与美国通用公司正式签订首个整车配套供货合同，成为中国汽车零部件第一个进入美国整车配套市场的企业	国际营销能力
1998—2006	通过海外收购搭建的全球网络，实现了汽配业务跨国界的市场互通、优势互补以及技术、产能共享	资源整合能力
2003	万向研究院在国家认定企业技术中心年度评价中名列第二	技术创新能力
2007年至今	汽配业务形成了用欧洲设备、美国专利、日本零件，在中国加工、北美装配、全球销售的全球运营反向OEM模式	全球运营能力
	通过成立万向研究院、北美技术研发中心为研发总部，在欧洲、南美各片区建二级研发中心，构建万向的全球研发体系及知识分享机制	全球学习能力

伴随万向集团对外直接投资战略的升级，万向企业能力从局部市场营销能力向国际资源整合能力、再到全球范围的运营和学习能力逐步提升，其主要因素：其一，万向以乡镇企业的底子得以成功打开高质量要求的美国市场，靠的就是前瞻性"质量"战略意识。其二，国际营销能力是万向对外直接投资初期的关键成功因素。在20世纪80年代，国内汽车技术30年来未取得较大变化和进步，导致万向公司迫切需要了解行业前沿信息。万向主动对接广交会等集合国际市场资源的诸多展销会平台，赢得了给美国舍勒公司代工的第一笔出口贸易订单；此后为绕开独家代理的垄断威胁，万向集团设立海外办事处及海外子公司，并成功进入美国整车配套市场。其三，资源整合能力是万向在对外直接投资加速的主导因素。万向美国公司与花旗、美林等著名国际金融机构建立了贷款、债券等多类融资业务的长期合作关系，从海外市场获取银行贷款和并购资本的融资能力，是万向海外并购顺利推进的保证；通过海外七大子公司的成立及全球并购搭建全球网络，实现了跨国界的市场互通、优势互补以及技术、产能共享。其四，技术吸收消化能力是万向通过收购实现企业升级的强劲驱动力量。万向的技术水平起点低，但是，通过收购获得了国外品牌、市场渠道及专利技术，再对专利和知识进行二次吸收消化，从而形成全球化与企业升级的良性循环。其四，全球网络化的运营和学习能力是万向在对外直接投资成熟期建立"反向OEM"模式的保障。全球范围的"反向OEM"模式构建是万向全球化成熟的显著特征，这种模式成功的前提是万向具备全球网络的资源整合能力，即一方面在发达国家获取品牌、技术等高端资源的能力，另一方面在发展中国家利用原有比较优势获得效益的能力，以及将两方面有机对接的能力。

5.3 跨案例比较

跨案例研究专门用于多个案例的比较分析，在逐一比对梳理每个案例的基础上列举出整体特征，研究不同案例之间的共同点，涵盖更广泛的对象和特征。

5.3.1 共性分析

1. 以占领国际市场为战略起点，以产品制造和国际营销能力为能力基础

海尔集团对外直接投资的第一个机构是在巴黎成立的贸易公司。海尔在对外直接投资之前，已凭借高质量的产品制造能力在发达国家拥有了市场美誉度，并在世界家电博览会上向国外经销商颁发产品经销证。1985—1991年，海尔以

"名牌战略"为导向,专注提升电冰箱产品质量和市场竞争优势;1991—1993年,海尔集团成立,其实施的多元化战略将电冰箱产品优势扩散到整个家电领域;产品开始出口,获取国际市场信息,积累国际化经验。紧接着,海尔开启国际市场网络布局:在法国巴黎和中国香港设立贸易公司,构建面向欧洲和全球的销售网络;在印度尼西亚、菲律宾、马来西亚、南斯拉夫设立合资生产企业,面向东南亚、东欧实现产销一体布局。在国内外的系列产品评选中获奖及获得良好的市场反响;首次中标世界卫生组织招标项目和获得出口订单,为获取国际市场信息、国际市场营销积累经验。在世界博览会向国外经销商颁发证书,海尔得以较快地开启国际销售网络的布局。

华为公司对外直接投资的第一个机构是在俄罗斯成立的专注于拓展当地市场的合资企业。华为对外直接投资之前,已从销售代理商成功转型为具有基础性品牌产品的通信供应商,并确立了贯穿国内外市场的"农村包围城市""先易后难"营销策略,从代理到组装再到研发,从农村到城市再到香港"试水"。20世纪90年代末,在跨国企业侵入国内市场的压力下,华为走出国门寻求新市场,并且根据企业能力基础,华为的对外直接投资是选择从存在市场空白、准入门槛不高的俄罗斯和拉美市场起步。从代理到组装再到研发的近10年历程,华为的产品达到先进水平;华为在香港更为严苛的产品质量要求以及更为接近国际市场的环境下,积累了更适应国际市场的产品基础和运营经验。华为前瞻性研发并推出移动通信产品,产品制造能力居国内前列;"先弱后强""先易后难"极具迂回策略并耐心坚守的国际营销能力是华为对外投资得以成功开局的关键,在国际行业巨头退出的背景下乘虚进入俄罗斯市场,遵循国家外交路线、利用国家品牌提升企业品牌得以打开拉美市场。

万向集团对外直接投资的第一个机构是在美国设立办事处后升级为万向美国子公司。在对外直接投资之前,万向集团已经成功锤炼国内领先的万向节产品制造能力,并依托其国际营销能力打开了美国汽配市场。在20世纪80年代初国内市场"价格战"恶性竞争的背景下,万向率先提出"质量战"的战略导向;因为乡镇企业的身份而未进入国家采购计划,万向开始寻求国外出口市场。为了绕开美国舍勒公司的垄断性代理和贸易壁垒,进一步打开国际市场,万向启动企业"走出去"战略,通过海外自建办事处和子公司推动企业战略体系突破国界。万向以乡镇企业的底子得以成功打开高质量要求的美国市场,靠的就是前瞻性"质量"战略意识,是高质量战略铸就了万向高质量的制造能力。在受到体制约束时,万向积极参加各类展销会,开拓市场和构建客户关系的能力较强,才获得了美国舍勒公司的订单机会。万向获美国 UL 认证,产品制造能力获得国际市场的进一步认可。随着海外子公司相继成立,以及并购获取分销渠道,万向成功绕开中间商的垄断性代理和贸易壁垒,进一步提升国际市场营销能力,并从欧美汽修零配件市场进入欧美整车配套市场。

2. 依次经历全产业链投资、全球布局投资阶段

海尔集团在 1999—2011 年间,对外直接投资实现从销售网络布局到开启全产业链布局的加速发展。海外子公司的相继揭牌及海外专卖店的设立,进一步获取海尔营销资源;在美国、欧洲构建"三位一体"的本土化经营体系,获取设计、制造和营销的全产业链资源;在日本、印度及新西兰的收购,在全球不同区位分别获取品牌及市场渠道、制造能力及研发等全产业链资源;在发展中国家成立生产基地,获取低成本扩张的制造能力及市场资源。2012 年海尔全球五大研发体系形成,兼顾本土研发与海外研发共建,2016 年建成全球十大开放式研发中心,到 2018 年,形成全球六大世界级品牌体系,拥有 66 个贸易公司,并不断完善全球生产基地布局建设,建成 25 个工业园、12 家全球引领的互联工厂。海尔通过对外直接投资,在发展中国家和发达国家全面开启全产业链布局,获取不同国家和地区的优势资源,并打通国际资源嫁接、转移和互换的通道,使研发、制造和营销的资源在海尔企业组织内得以完美整合。具备首推全球具有时代性、国际性、超值性的"无尾"电视解决方案等创新产品能力,成为全国首家创新方法试点企业,创新能力获得国内外普遍赞誉和认可。海尔有效实施与通用电气、斐雪派克的全球协同管理,建立了"人单合一双赢"模式。

华为公司为进一步提升国际市场竞争力,对外直接投资战略从重点突破市场开拓到全球范围获取市场、研发、均衡布局,设立合资公司、销售分公司、研发中心等多种形式并举。为了充分整合全球资源和维系全球运营,华为已建成多个运营中心和资源中心等全球管理平台:在英、法、美等发达国家的商业领袖聚集区成立本地董事会和咨询委员会,在英国建立行政中心,在德国成立跨洲业务中心,统筹全球运营;建立了覆盖全球的新加坡财务中心、香港财务中心、罗马尼亚财务中心、英国全球财务风险控制中心,分片区管理财务成本和风险;建成 28 个全球联合创新中心,建成 16 个全球研发中心,形成利用全球智力资源和开发本地化产品的全球研发体系;拥有匈牙利欧洲物流中心(辐射欧洲、中亚、中东、非洲)、巴西制造基地、波兰网络运营中心等,构成全球供应链管理体系。华为通过与国际通信龙头合作,以及自建全球研究体系,兼顾自主研发和消化吸收二次研发,逐步提升技术创新能力,推动华为技术研发水

平从国内领先到全球领先。2008年专利申请量居世界第一，全球首发从路由器到传输系统的端到端100G解决方案，成功交付全球首个LTE/EPC商用网络。在市场覆盖全球的过程中，华为建成整合全球资源的品牌、合作网络和研发平台。华为拥有业界最为全面的产品线，依靠100多个世界级分支机构建成了覆盖全球的服务网络，为排名世界领先地位的40余家运营商提供服务；此外，华为依托全球平台及全球服务网络，联合合作伙伴提供解决方案；在研发方面的高投入和全球联合创新机制，引导华为成为全球通信行业领导者。

万向集团通过系列收购，全面快速获取国际品牌及市场渠道、设备及专利技术，并从花旗、美林等国际金融机构获取资本，着力构建全球资源获取网络，标志着万向集团从国际营销到国际资源获取的跨国发展战略转型。以万向美国为海外业务核心平台，通过并购汽配业务完成产、销、研及配送的产业链全球布局，并开启新能源业务的产业链全球布局进程，从"国际营销""国际生产"的国际化战略模式发展为全球范围配置资源的反向OEM战略模式。通过海外收购搭建的全球网络，实现了跨国界的市场互通、优势互补以及技术、产能共享；通过能力自建和外延并购，快速形成行业领先的技术创新水平，加快主导产品技术国际化进程。万向可根据需要实现国内粗加工、国外精加工及国外销售的全球经营；万向的汽配业务，形成了用欧洲设备、美国专利、日本零件，在中国加工、北美装配、全球销售的全球运营反向OEM模式；通过成立万向研究院、北美技术研发中心及各区域的二级研发中心，构建万向的全球研发体系及知识分享机制。

3. 全球公司是必然趋势和共同目标

截至2016年，海尔集团、华为公司、万向集团的全球化发展已提升至一个较高水平。根据欧睿国际2016年度数据，海尔大型家用电器2016年品牌零售量占全球市场的10.3%，第8次蝉联全球第一；海尔产品获德国IF设计大奖、国家科技进步奖等国内外奖项，牵头IEC电冰箱国际保鲜标准制定，国家认定海尔为新动能转换的典范，海尔品牌获评为中国家电第一品牌；2016年底，海尔集团海外资产占比44.9%，海外收入占比达40%[①]。华为公司业务覆盖全球170多个国家和地区、全球1/3以上人口；智能手机全球市场份额升至11.9%，居全球前三，2011年华为专利申请量居全球首位；在全球加入177个标准组织和开源组织，并在其中担任183个重要职位；在经营指标方面，2016年底，华为

---

① 青岛海尔公司2016年年度报告（海尔集团海外资产于2015年全部注入青岛海尔公司）。

海外收入 3077.29 亿元,占集团总收入比重为 55%;海外员工本地化率超 71%[①]。万向美国公司销售额比 1995 年成立初增长 100 倍,到 2014 年达 30 亿美元;万向集团公司在"2016 中国企业 500 强"中排名第 125 位;2016 年,万向美国(海外业务板块)在集团中的收入占比 20%,利润占比 30%,海外投资平均年净资产回报率超 50%[②]。

全方位获取产业链资源是企业对外直接投资加速的战略节点,资源整合能力和技术创新能力发挥核心作用。在发达国家进行设立工厂、研发中心等形式的生产性投资后,企业对外直接投资往往进入规模加速、形式多样、布局向全球扩散的全产业链投资时期。在这个时期提升为国际领先水平的技术创新能力是持续资源整合效应的核心。以在美国南卡投建第一家工厂起,海尔集团相继在美国、欧洲、日本建成设计、制造、营销"三位一体"的本土化经营体系,并同时在越南、约旦、巴基斯坦等发展中国家建立生产基地,为的是获取不同国家和地区的优势资源,从而打通国际资源嫁接、转移和互换的资源整合通道;同时,海尔全球首推家电产品的创新能力获得国内外普遍赞誉和认可。除了继续设立及开拓东南亚、欧洲市场的分公司外,以在瑞典设立研发中心开始,华为在瑞典、美国、英国相继设立研发中心,与赛门铁克、3Com、西门子等国际龙头公司成立专注研究开发的合资公司,推动华为技术创新水平从国内领先升级为全球领先;同时,在市场覆盖全球的过程中,华为建成整合全球资源的品牌、合作网络和研发平台。以为美国舍勒公司代工到整体收购美国舍勒公司的转变为标志,万向美国公司连续收购十数个国际知名品牌及市场渠道、设备及专利技术,通过海外收购对象所搭建的全球产销研网络,实现了跨国界的市场互通、优势互补以及技术、产能共享,并跨越式发展起行业领先的技术创新能力。

全球布局形成及全球经营管理体系的建成是企业对外直接投资的战略终点,全球运营能力和全球学习能力是维系全球公司地位的关键保障。以海尔亚洲总部和亚洲研发中心落户日本,以完成并购三洋电机、斐雪派克、通用电气家电为标志,海尔全球管理平台、研发中心体系和全球品牌体系基本建成。依托全球运营管理架构,海尔不断完善全球范围的生产基地布局,同时提出"人单合一双赢"模式,促成了海尔独特的全球学习能力。以成立法国和英国的本地董

---

① 华为 2016 年年度报告。
② 万向集团官网。

事会和咨询委员会、在欧洲成立全球财务风险控制中心和欧洲物流中心为标志，华为的全球治理结构基本成型；同时，依托28个全球联合创新中心和6个全球研发中心，华为公司形成利用全球智力资源和开发本地化产品的全球学习机制。以万向美国为海外业务核心平台，万向集团通过并购汽配业务完成产、销、研及配送的产业链全球布局，并开启新能源业务的产业链全球布局进程。

4. 不同阶段具有明显差异的能力特征

根据表5-10、表5-11、表5-12对三家样本企业资料的整理、分析得出，海尔集团、华为公司与万向集团在海外投资带动国际营销阶段，企业对外直接投资能力以产品制造能力和国际营销能力最为显著；在全产业链投资阶段的资源整合能力与技术创新能力特征非常明显；在全球布局形成阶段，企业的全球运营能力和全球学习能力非常明显。

表5-10 海外投资带动国际营销阶段的能力特征

海尔 1994—1998年	华为 1997—1999年	万向 1992—1997年	能力特征
1995年，在巴黎设立面向欧洲市场的贸易公司	1997年，在俄罗斯成立第一家海外合资企业拓展俄罗斯市场	1992年，在美国成立第一个海外办事处，以绕开美国贸易壁垒和舍勒公司的独家代理垄断	拓展市场的战略导向
1994年，海尔超级无氟电冰箱参加世界地球日的展览，成为唯一来自发展中国家的环保产品	1997年，移动通信产品线投入商用，成功打破欧美对移动通信市场的垄断	1995年，万向钱潮公司质量体系获美国UL认证	产品制造能力
1997年，海尔参加了在德国科隆举行的世界家电博览会，向国外经销商颁发产品经销证书	1997年，在国际行业巨头退出的背景下乘虚进入俄罗斯市场，坚持开拓4年，终从俄罗斯国家电信局获得第一份国际订单	1997年，万向与美国通用公司正式签订首个整车配套供货合同，成为中国汽车零部件第一个进入美国整车配套市场的企业	国际营销能力

表 5-11 全产业链投资阶段的能力特征

海尔 1999—2011 年	华为 2000—2011 年	万向 1998—2006 年	能力特征
1999 年,在美国南卡州建立海外工厂,形成美国的设计、制造、营销"三位一体"本土化经营体系	2004 年,在英国设立欧洲地区总部,面向欧洲获取市场、研发各方面资源	2000 年,整体收购美国舍勒公司,获取品牌及市场渠道、设备及专利技术	全方位获取产业链资源的战略导向
在美国、欧洲、日本建成设计、制造、营销"三位一体"的本土化经营体系,在越南、约旦、巴基斯坦等发展中国家建立生产基地,获取不同国家和地区的优势资源,并打通国际资源嫁接、转移和互换的通道	2006 年,成为沃达丰合作伙伴,将华为低价优势与沃达丰国际 3G 市场结合	1998—2006 年,通过海外收购搭建的全球网络,实现了汽配业务跨国界的市场互通、优势互补以及技术、产能共享	资源整合能力
全球首推"无尾"电视解决方案,并获 2010 年度 CES 国际消费类电子产品展览会"未来科技产品奖"	2008 年,专利申请量居世界第一	2003 年,万向研究院在国家认定企业技术中心年度评价中名列第二	技术创新能力

表 5-12 全球布局形成阶段能力特征

海尔 2012 年至今	华为 2012 年至今	万向 2007 年至今	能力特征
2012 年,海尔亚洲总部和研发中心落户日本,形成全球管理体系和研发体系	2012 年,在法国和英国成立了本地董事会和咨询委员会,形成适应全球化的公司治理结构	2007—2013 年,收购美国 AI、福特蒙洛工厂、Vista-Pro、DS、GSS、T-D、BTI、D&R 等业界领先公司,与宝马公司建立重要合作伙伴关系,构建并持续完善汽配业务的全球先进技术、产能和市场网络	全球公司模式运营管理的战略导向

续表 5-12

海尔	华为	万向	能力特征
2012 年至今	2012 年至今	2007 年至今	
2016 年，收购通用电气家电公司（GEA），并推行 GEA 与青岛海尔母公司的并表协同管理	截至 2016 年底，拥有业界最为全面的产品线，依靠 100 多个世界级分支机构，建成了覆盖全球 170 多个国家和地区、1/3 以上人口的服务网络	汽配业务形成了用欧洲设备、美国专利、日本零件，在中国加工、北美装配、全球销售的全球运营反向 OEM 模式	全球运营能力
2015 年，在第二届海尔商业模式创新全球论坛上发布人单合一模式 2.0，建立"共创共赢"全球生态圈的创客模式	截至 2016 年，通过全球 15 个研究院/所、36 个联合创新中心，在全球范围内与各高校以及数学家和物理学家开展创新合作，共同推动技术的进步	通过成立万向研究院、北美技术研发中心为研发总部，在欧洲、南美各片区建二级研究中心，构建万向的全球研发体系及知识分享机制	全球学习能力

5.3.2 差异性分析

1. 各企业的对外直接投资进程存在差异

完成一项主营业务的全球布局架构往往是企业对外直接投资的第一个战略周期，随后企业会按照业务多元化方向进入下一个对外直接投资的战略周期循环。海尔、华为、万向三家企业的对外直接投资演进历程，相同之处为，建成全球公司的布局与运营管理体系是企业对外直接投资的终极目标，在实现这一目标的过程中均经历了寻求国际市场、获取产业链资源、全球布局形成乃至全球经营管理体系建成的战略演进阶段。而与海尔、华为不同的是，万向集团由于成立时间最早（1969 年）、发展历程长，2010 年基本完成汽配主营业务的全球布局，2011 年后的对外直接投资已经开始转向新能源这一新兴业务的全球布局周期。可以预见，在海尔、华为完成家电、通信的各自主营业务全球布局后，会将相同的演进规律复制到多元化业务的全球化进程中去。

2. 各企业实施的具体国际化策略不同

海尔集团在国际化战略的实施中，以"先难后易""三个三分之一"等国际化发展思路，通过三步走战略，从海外生产→海外建厂→海外兼并→海外多品牌运作等阶梯递进的方式,实现了海尔"走出去—走进去—走上去"的战略目标迭代。而这些国际化战略的实施,靠的是海尔在全球三位一体的战略架构。海尔国际化的本质应该是领导人的国际化思维前瞻、准确,而企业组织和员工可以与时俱进、与市场合一,以此支撑国际化战略的更新。

与海尔不同的是,华为采用"先易后难"策略,从电信市场门槛低、市场潜力大的发展中国家切入,厚积薄发,最后攻占市场门槛高、竞争激烈、需求层次高的发达国家市场。华为采用了政府营销和国际绿色等国际营销手段,巧妙借助外力减少了国际市场进入的难度。华为的本质为技术导向型企业,其国际化成功的核心在于依靠强大的研发能力和技术创新能力。而从管理体系、激励体系等入手打造竞争力一流的企业内部平台,实施全球研发战略,自主研发全球一流水平的解决方案与消化吸收国外核心技术相结合,夯实了华为的技术优势。华为的全球研发战略持续发展,有赖于其人力资源国际化战略,在美国和瑞典、英国等近20个国家,华为吸引了大量海内外优秀科技人才,实现了科技人才的本土化。

1997—2007年间,万向集团先后收购了舍勒公司、UAI公司、洛克福特公司等6家美国公司。单从业务关联性看,万向集团的跨国并购多半属于纵向并购,其收购对象大多为合作客户或者海外中间商,这些企业都拥有较高的市场地位。并购双方从原有的贸易伙伴关系,发展到后期的战略联盟,在关键时期通过收购兼并又变成了母子公司。因此,在并购之前,万向已经逐渐消除了文化冲突、管理差异等无形资源转移的障碍问题。万向集团国际化的第一阶段是以OEM起步的,其在贴牌市场上具有一定的影响力,且文化和管理方式逐渐成熟,这促进了被并购方客户关系的顺利接轨。万向集团实施收购后,利用这些原有的分销网络和客户关系,实现了万向集团海外销售收入的快速增长,同时一跃成为世界汽配行业的一级供应商。

6 企业对外直接投资战略演进的路径与机理

随着中国经济发展进入新常态,作为经济发展基础驱动力的中国企业面临转型升级的巨大压力。当前世界经济格局正在深入调整,国际分工体系布局多元化趋势愈加明显,全球价值链正面临着重塑。中国企业的国际化发展面临新的机遇和挑战。中国制造业企业应积极主动融入全球价值链中,在对外直接投资发展过程中整合全球资源,以实现在全球价值链中地位的提升。只有整合全球范围内的资源、人才、技术和品牌,中国制造业企业才能持续提升企业在全球行业中的核心竞争力,同时也为中国经济的转型升级提供持续动力。中国企业的转型升级,一方面要向全球公司转型,另一方面要从价值链的低端向高端升级(王志乐,2015)。而企业对外直接投资战略正是中国制造业企业实现转型升级的重要途径。通过主动实施对外直接投资战略,中国制造业企业可以加速向全球公司转型,推动企业价值链升级。

6.1 对外直接投资战略的演进路径

6.1.1 对外直接投资动机演进:"优势获取—优势利用—优势保持"

1. 中国企业开展对外直接投资的背景

中国企业对外直接投资的动机既有普遍性,同时也有自身特点。改革开放以来,中国制造业企业对外直接投资迅速发展,其原因如下:第一,生产分工的国际化要求中国制造业企业对外投资开展国际化经营。当今技术水平相近的工业化国家之间的分工飞速发展,出现了产品型号、零部件、工艺流程的分工,从而要求国家之间的商品贸易与国际经济合作的快速发展。第二,世界跨国公司的发展，要求中国企业对外投资。跨国公司经过一百多年的发展，进入了全球化经营的最高阶段。企业只有实现国际化经营，才能生存和发展。第三，国家产业政策的实现，要求中国企业对外投资。企业对外投资开展国际化经营是实现产业政策的重要手段。第四，提高国际竞争力的需要。中国经济迅速发展，迫切需要一批企业成长为全球性公司，并不断提升竞争力。

2. 以优势获取为目的的中国企业对外直接投资战略

中国制造业企业在开展对外直接投资时，显然不具有相比其他发达国家跨国公司的优势。因此，可以理解，中国制造业企业对外直接投资的前期目的是获取竞争优势。中国制造业企业对外直接投资的动机有以下几个方面：

（1）在世界范围内搜寻和获取特定资源。中国企业首先识别目前国家的资源，然后进行评估，搜寻到对企业经营有益处的资源。通过采用不同手段来获取这些有用资源。中国企业的资源整合能力在该过程中发挥了十分重要的作用。

（2）对企业内部资源进行转移。企业将内部的资源从一个单位转移到另一个单位，企业的知识在各个内部机构之间进行流动与共享；企业的知识再创造能力显得尤为重要；企业能力在资源转移中起到不可或缺的作用。

（3）利用资源并获得竞争优势。企业拥有某些资源后，会尽量发挥和利用已有资源来获取竞争优势；企业也可能会在取得某些资源后进行整合，在全球范围优化配置资源，以获得更大的竞争优势。中国的跨国企业不应仅依赖母公司的资源或子公司的资源，而是应努力实现母、子公司的双向资源转移，最终形成整个公司的竞争优势。

3. 以优势利用与保持为目的的中国企业对外直接投资战略

中国制造业企业经过长期的国际化经营，最终获得竞争优势。此时，进行对外直接投资，更多是以竞争优势利用和推广为目的的。主要利用以下竞争优势：

（1）核心资产优势。核心资产优势包括技术、知识、信息、诀窍、知识产权等要素。在企业内部，企业拥有的知识是向内部所有成员开放的，海外的各类机构可利用这些知识。企业通过对外直接投资来利用知识在国际市场获取更大经济效益，同时又可以将知识保留在企业内部。

（2）规模经济优势。中国制造业企业发挥非生产活动的规模经济性，如研究与开放、市场营销网络、采购与财务的集中等都会给企业经营带来规模优势。企业为利用已有资源，可能会做出对外直接投资的决策。

（3）财务资金优势。开展对外投资的企业通常都拥有强大的资金实力。这类实力强大的企业需要寻找更多新的增长机会，从而产生对外直接投资的动机。

(4) 组织管理优势。跨国企业一般都有相比于国内企业和东道国企业更强实力的管理能力。通过对外直接投资扩大经营规模，是企业充分利用组织和管理资源的内在要求。

对中国制造业企业而言，其竞争优势不仅来源于企业内部母、子公司之间的资源协同，更来源于企业在全球范围内对整个行业战略资源的协同。在一个企业内部，不同经营单位的专有资源可以进行交换与共享，全球行业中的属于不同企业的战略资源也可相互结合。为保持持续的竞争优势，企业需在全世界范围内开拓市场，将其拥有的具有比较优势的知识从一个地区复制转移到另外一个地区，同时进行新知识的创造。跨国企业拥有的这种知识转移和创造的能力越强，其具有的竞争优势就越大。在全球化发展过程中，子公司的知识不断积累，子公司在创造企业特定优势方面作用越来越明显。子公司不但是知识的接受者，同时也是知识优势的创造者，它们在跨国企业网络体系中发挥的作用越来越重要。跨国企业会整合不同地区的知识创新成果，并将其转化成跨国企业内部共享的知识。跨国企业需要将整合的知识成果转移到其他国家或地区以实现知识的共享，通过全球学习能力的提升来保持持续的竞争优势。

6.1.2 对外直接投资战略演进："市场获取—资源获取—全球升级"

长期以来，企业国际化都被认为是一个循序渐进的过程。由国内企业发展为跨国企业的过程包含了从出口到对外直接投资等一系列从低级向高级发展的海外经营活动（杨嫒、张学良，2016）。企业国际化发展阶段理论通过描述企业国际化过程中的"关键点"方式探索国际化成长规律；已有研究成果对企业国际化发展阶段的典型划分有以下几种模式：罗宾逊的六阶段理论、安索夫的三阶段理论、约翰森及保罗的企业国际化渐进理论、小林规威的五阶段论、克里斯托弗·科斯的国际化阶段理论。综合来看，企业国际化发展阶段理论将国际化经营视为一个动态的学习和反馈过程，企业经营者不仅是在积累信息，更重要的是在正确理解信息，了解市场运作并把握市场机会。国际化发展阶段理论对中国制造业企业对外直接投资有着重要启示：企业开展对外直接投资的步骤应与企业实际状况相匹配。与同行跨国公司相比，中国制造业企业实力较弱，缺乏跨国经营经验，因此可选择渐进式的国际化模式。中国大多数企业国际化步骤往往是"间接出口—直接出口—设立海外销售机构—设立海外生产基地"。

中国企业"走出去"战略的企业跨国投资形式，应根据企业国际化的不同阶段选择相应投资战略。那些尚未"走出去"或处于"走出去"初始阶段的企业,应进行以建立海外营销中心为突破口的投资;那些已经建立了海外营销网络的企业,则应将营销中心作为扩大市场的桥头堡,在获得广泛信息的基础上,决定海外投资进一步扩展的领域。通过探索性案例及理论分析可知,中国制造业企业对外直接投资发展可以分为对外投资准备、市场获取、资源获取、全球升级四个阶段。中国制造业企业对外直接投资战略演进路径如图6-1所示。

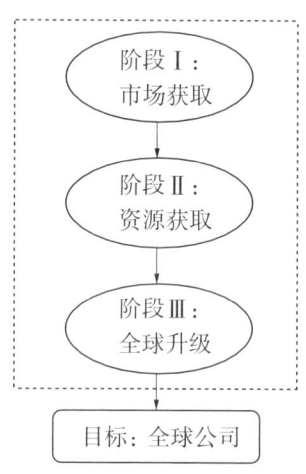

图6-1 中国制造业企业对外直接投资战略演进路径

1. 市场获取战略

在市场获取投资战略阶段,随着经济发展,我国对外投资发展迅速。与西方发达国家跨国企业相比,中国企业进入全球市场普遍较晚。在国际化过程中,中国企业一方面要维持现有市场,抵御行业内竞争对手的进攻,又要提升企业能力,积极进行海外扩张。中国企业发展面临上述双重挑战,其对外直接投资的动机可以划分为资产利用型和资产获取型两种类型。其中,资产利用型的对外直接投资通常被称为传统型战略,该战略是通过对已拥有知识的运用来获取海外自然资源、扩大海外市场份额和降低现有经营成本,将企业已拥有的优势充分利用,不仅在国内运用,还要运用到更加广泛的国际地区。资产获取型的对外直接投资战略目的主要在于获取更加先进的技术、管理等战略性资产。企业通过对外直接投资搜寻、获取新的资源、知识,通过学习来构建自身竞争优势。资产获取型对外直接投资可分成两个阶段,第一阶段是通过对外直接投资来学习与积累国际化经验,第二个阶段是通过对外直接投资利用已经构建的竞争优势。在第一个阶段,企业通过学习与合作来掌握先进技术与管理方法,不断积累跨国经营经验,逐步构建企业的竞争优势。在第二个阶段,企业投资的目的是充分利用已构建的优势来获取最大的利益。

2. 资源获取战略

基于资源基础理论视角，企业的竞争优势主要来自企业所拥有的核心资源。企业的核心竞争优势是企业可持续发展的基础，也是由企业拥有的专用资源、不容易被模仿和不容易被替代的资源所带来的。跨国公司通过对外直接投资既可以充分利用专有资产，同时也可获取企业所需要的战略资产。中国企业对外直接投资一般先选择资源强化型投资，然后进行资源补充型投资，最后向资源开发型投资方向发展。资源强化型投资的核心目的并不是开展新的业务，而是扩大原有业务的海外市场份额。这类投资主要是运用企业已有优势来增加企业收益。资源补充型投资主要是从投资目的国获取包括品牌、技术等各类资源或资产，从而提升自身实力。所获取的资源包括在外部市场难以获得和学习得到的无形资产。基于资源开发的投资动机，企业不仅要获取投资目的国的资产，还要从投资行为中提高学习和吸收能力。资源开发型投资的特点在于它结合了东道国的知识资源和投资国企业的研发努力，使投资企业获取全新竞争优势。

3. 全球升级战略

在全球升级投资战略阶段，企业经历了市场获取、资源获取投资发展阶段后，中国制造业企业逐渐转变为全球性公司。全球公司通过在全球布局价值链，将发达国家的技术创新成果应用于全球市场。同时将新兴市场国家的廉价劳动力开发出来为全球市场生产产品。通过在全球范围内的要素整合，全球生产力被极大地释放出来。中国制造业企业竞争优势是建立在对全球资源动态的识别、获取以及有效配置和整合的基础上。可利用的资源包括企业内部母公司和子公司的特定资源，企业竞争优势的差异就在于对内外部资源整合、配置效率的差异。中国制造业企业的竞争优势主要取决于资源的搜寻与获取、资源的整合、资源的运营与运用。

我国一些发展壮大的制造业企业正在构建由自己主导的全球价值网络，进行全球资源整合。我国一大批制造业企业正由以贸易全球化为主转向资本、研发、服务的全球整合发展，形成了企业内部分工的国际化，以产业价值链的国际分工为基础的网络制造和研发、生产外包等战略合作联盟的新形式。为保持持续竞争力，中国制造业企业必须提升全球学习能力。中国制造业企业全球学习战略包括两大部分内容：一是在国内面对在华跨国公司，以互动为手段来学习其国际化经营知识与技能，培育自身的核心能力；二是在国外市场面对当地企业，以本土化为手段来学习其地区性专有知识与经验，进一步完善和发展自身的核心能力（谢泗薪，薛求知，都业富，2004）。

4. 对外直接投资战略演进的目标：全球公司

"全球性"公司由"跨国性"公司发展而来（王志乐，2008）。经济全球化催生了一大批从事跨国经营的公司。从事跨国经营的公司可分为两类：一类是"多地区经营的本地公司"，该类企业虽在全球多个地区建立了分（或子）公司，但分（或子）公司彼此缺乏直接联系，企业内部的资源未得到充分整合；另一类跨国公司不仅业务遍布全球，企业内部各单位之间形成一个有机整体，能相互协调运作，真正实现了全球范围内资源的整合。纵观全球成功的世界级跨国公司，它们大都具有全球范围整合资源的能力。IBM公司前任董事长兼CEO彭明盛在2006年提出全球整合型企业的概念，他认为"全球整合型企业是一个开放、模块化的企业模式，在全球整合模式下，无论企业规模大小，都能够整合到网状经济的结构中，以实现应对全球化经济竞争的灵活性和整合资源优势"。全球整合型企业是以真正全球化的方式构建其策略、管理和运营体系；它以适当的成本、适当的技能和适当的商业环境在全球任何地方部署运营网络和功能，并高水平、全球化地整合这些运营工作（寻舸，2010）。与一般的跨国公司相比，全球公司的跨国指数（海外资产、海外销售和海外雇员与总资产、总销售和总雇员的比例）超过50%，并形成了全球范围的发展战略、管理结构和理念文化（王志乐，2012）。

与很多发达国家跨国公司相比，中国制造业企业对外直接投资发展具有国内市场巨大、发展历程较短、发展速度快等特点。根据已有研究，结合中国制造业企业跨国经营实际，可以认为，全球公司是指具有较高国际化程度，实现了企业价值链的全球布局，实施全球性的管治结构的跨国经营企业。其中，国际化程度可通过企业海外营业收入、海外资产、海外员工三个维度，分别用在企业内部总营业收入、总资产和总员工数中的占比来衡量；企业价值链的全球布局，可通过考察企业研发、采购、生产、营销等活动在全球的布局来衡量；全球性的管治结构可通过企业股权结构、治理结构、管理结构等来进行考察衡量。

全球公司是企业进行跨国经营发展的高级阶段。全球公司通过在全球布局价值链，一方面吸收发达国家的技术研发成果并应用于全球市场，另一方面激活新兴国家廉价劳动力资源为全球市场生产产品。全球公司通过营销服务全球化、制造组装全球化、研发设计全球化以及资金运作全球化，打造全球产业链或者全球产业系统；这类企业通过制造外包和服务外包，成功地聚合资金、市场原料、技术和人才等全球资源，参与全球市场竞争。成为真正意义的全球公司，是中国制造业企业对外直接投资的战略目标，制定适宜自身发展阶段的战略策略，逐步吸纳整合全球资源来参与全球竞争。

6.2 对外直接投资战略的演进机理

战略管理理论研究先后产生了不同的研究范式。波格·沃勒菲尔特（Birger Wernerfelt，1984）提出企业的资源基础观理论，弥补了战略管理定位学派对企业自身关注不够的缺陷。格兰特（1998）将资源和能力为导向的战略称为"资源导向战略"，提出公司外部环境变化的频率越高，内部资源和能力就越有可能为长期战略提供基础。企业内部拥有的独特资源可视为企业竞争优势的来源。中国制造业企业对外直接投资战略选择主要受其能力制约。随着企业国际化能力的提升，其对外直接投资战略也会随之改变。

6.2.1 对外直接投资能力演进：阶梯演进模型

由于企业能力具有难以被模仿的特征，因此企业能力也是企业竞争优势得以持续的原因。企业能力是企业特有的，只能通过组织内部建立而不能从要素市场上通过购买或交换获得。企业能力的构建是一个逐步发展和演化的过程。中国制造业企业在对外直接投资发展过程中，企业能力随着对外直接投资阶段的变化而不断发展。中国制造业企业对外投资能力体系的形成和发展与中国制造业企业国际化的历程紧密相关。中国制造业企业在内向国际化的阶段积累并发展了自身的能力体系，而这种能力体系在中国制造业企业外向国际化的阶段进行了转移。对于中国制造业企业而言，跨国经营活动本身是获取竞争优势的重要途径，而对外直接战略投资的演进是这一过程的具体化。跨国公司竞争优势主要来源于知识等战略性资源。因此，中国制造业企业通过实施对外直接投资战略，不断从外部获取资源和更新战略资源。根据已有研究，结合探索性案例分析，中国制造业企业对外直接投资能力呈现图6-2所示的演进过程。

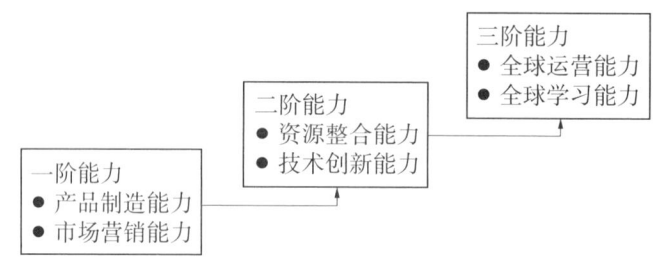

图6-2 中国制造业企业对外投资能力的阶梯演进模型

1. 一阶能力：以产品制造和市场营销能力为主导

中国制造业企业首先具有对外投资的基础能力，即制造能力与营销能力；在此基础上，中国制造业企业实施市场投资战略，向国际市场销售自己的产品，同时建立销售渠道，获取市场信息，积累市场知识和经验。在国际产业分工背景下，依靠低成本优势的本土企业大部分处在产业链中的组装和制造等低端环节。中国制造业企业积极参与国际分工，由国内企业发展为跨国企业经历了从出口到对外直接投资等一系列过程。出口产品必须具有性价比优势，因此，这就要求中国制造业企业具备较强的先进制造能力。从资源的视角看，跨国公司"获取优势"的第一步是资源的搜寻与获取。传统跨国公司理论认为，企业国际化活动始于母国优势。这种母国优势是建立在国家之间的要素成本和质量的差异上的，是一种比较优势。中国制造业企业在国际化初期普遍具有的优势是具有强大的制造能力以及制造成本优势。因此，中国制造业企业国际化能力首先要具备制造能力。

与此同时，为了将所生产出的产品顺利销售到国际市场，企业必须具备一定的国际营销能力，并在对外投资过程中不断收集国际市场信息、建立国际销售网络、积累国际营销经验，从而持续提升国际营销能力。伴随企业国际化战略而来的激烈竞争将迫使企业通过技术创新保持利润和维持生存。另外，企业在实施国际化战略时，会从外国消费者那里获得改进产品设计和产品质量的各种建议，更容易接触到前沿技术，更能通过开展技术模仿或创新从国际化经营中获益。

2. 二阶能力：以资源整合和技术创新能力为主导

当企业在市场获取投资过程中积累了足够的知识、经验和财务实力后，将会主要实施资源获取投资战略，迅速获取国际市场上的自然资源、人力资源以及战略性资产。此时，企业不仅具备制造能力、营销能力，同时具有资源整合和技术创新能力。企业要建立和维持竞争优势就必须具备相应的能力，并通过持续的资源投入、资源整合来提升这种能力。在跨国经营过程中，跨国公司的各子公司发挥着十分重要的作用。跨国公司需要不断寻求具有专用资产的公司，并通过并购或合作等方式获取这类专用资源，并将其纳入全球经营体系当中。基于资源基础理论的视角，市场失灵的主要原因在于海外目标企业资源的差异性。跨国公司需要通过并购等来控制更多的战略性资源。企业通过并购获得许多专用资源，其中十分关键的是技术资源。企业需要快速学习、消化吸收从外部获取的技术资源，并逐渐培养自身的自主技术创新能力。企业只有真正具备了技术创新能力，拥有更多具有垄断优势的技术资源，才能在全球行业中掌握话语权，主导全球产业链的发展。

3. 三阶能力：以全球运营能力和全球学习能力为主导

企业进入全球升级阶段后，会在全球范围内进行资源配置，追求全球整体利益最大化。在此阶段，企业需要具备动态能力，以及通过全球学习，建立并不断更新全球运营能力。与国内经营相比，企业国际化经营面临的环境更加复杂多样，随着企业全球化程度的提升，企业不得不在国际化过程中对其资源和能力进行动态管理，建立与环境变化相适应的能力体系。动态能力是企业的一种整合、建立以及重构企业应对外部环境变化的能力，或重新配置和整合自身资源来应对环境变化的变革导向型能力（盛斌，杨丽丽，2014）。跨国公司要获取真正的竞争优势，不仅要将活动分布于合适的地点，而且要在全球基础上实施这些活动。传统方式中子公司最重要的纽带是母公司，或其他子公司，子公司的主要任务是将母公司的能力和优势有效模仿、移植进来，在东道国加以利用，因此扮演着母公司能力和优势"输送管道"的作用。

在全球网络中资源和能力转移的方向不仅是从母公司到子公司，更包括从子公司到母公司，以及子公司之间的互相转移。跨国公司能否有效获取和整合资源、创造全球资源网络，并构建起战略资产和核心能力，决定了其在这一层次上优势的强弱。价值链层次的竞争优势，主要和跨国公司在全球范围开展的价值创造活动有关，价值链配置是否合理、协调，作业流程的设计是否灵活，全球运营网络是否有效，都是决定性因素。跨国公司通过全球运营获取整体竞争优势的逻辑是：跨国公司将跨国经营视作获取竞争优势的手段，基于战略远景的高度，在全球搜寻和整合资源，形成独特的战略资源，构建核心能力，然后在全球范围配置和协调价值创造活动，并生产出符合当地需求的差别化产品。通过这些活动，跨国公司获得各个层次上的竞争优势，并通过各层次的互动，最终获取整体竞争优势（孔德洋，2004）。

6.2.2 基于能力视角的对外直接投资战略演进机理

美国经济史学家钱德勒在1990年首次提出了"组织能力"的概念。他认为组织能力是指企业整体的组织能力，包括企业的物质设施和人的技能；以结构为基础的组织能力一旦创造出来就成为保持领先者优势的源泉。已有研究一般从资源观、惯例观及知识观来理解组织能力的内涵。①资源观认为，能力是资源的一种特殊形式；能力是一种隐藏于组织内部、具有不可传递性的特殊资源，其功能在于提高组织利用其他资源的效率。②惯例观以演化经济学作为理论基础，试图用惯例概念揭示能力的来源；惯例是习得的、高度模式化和重复性的行为模式。③知识观认为，组织能力理论是基于知识的企业理论，组织能力是企业内部系统化的专业知识，这些知识直接或间接地与企业创造价值的生产活动关联；组织内部的专业知识存在于个体，组织能力是个体知识向集体知识不断转化的结果。

跨国公司的内部能力以及能力的动态管理过程决定了国际化战略的选择和绩效表现（Tallman 和 Lindquist，2002）。企业的战略选择同时受到企业动力和企业能力的影响；国际化选择作为企业战略选择的重要内容之一，同样也受国际化能力和国际化动力的影响（杨嬛，张学良，2016）。根据探索性案例分析及理论分析，中国制造业企业对外直接投资战略演进规律如图6-3所示。

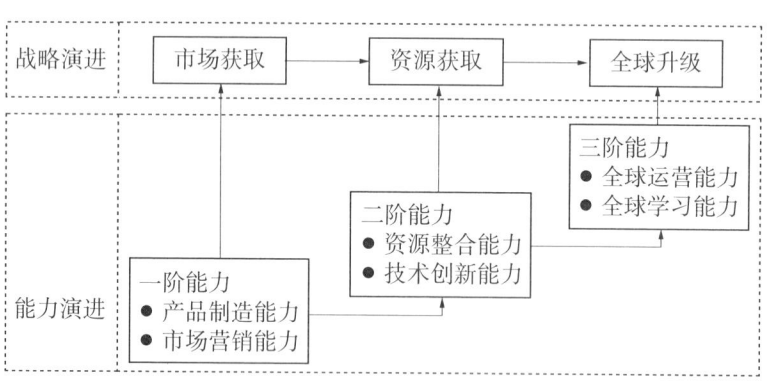

图6-3 中国制造业企业对外直接投资战略演进规律"三阶演进"模型

基于制造能力与营销能力导向的企业对外直接投资战略应该选择市场获取战略；在此阶段，中国制造业企业依靠自身先进制造能力和国际营销能力，能够循序渐进地开展国际化，不断积累经验、获取市场信息、提升自身能力。当企业对外投资能力处于以整合和创新能力为导向时，企业应选择资源获取投资战略。当企业对外投资能力处于以全球运营和全球学习能力为导向时，企业应选择全球升级投资战略。

1. 基于产品制造与市场营销能力导向的企业对外直接投资战略选择

基于企业知识观的视角，企业可被看作为知识的集合体。一个企业的知识存量决定了该企业内部各种资源效能发挥的程度。企业的经营行为可以分为利用知识存量和改善知识存量两种类型。利用知识存量是企业最大限度地发挥现有知识存量的作用，改善知识存量是通过新知识的获取和创造来扩大和更新知识存量。企业的国际化过程可被视为知识积累和组织学习的过程。企业通过持续的国际化行为获取新知识并将这些知识进行整合。中国制造业企业的国际化也是一个渐进的过程。在国际化初期，制造业企业以出口贸易或许可贸易方式开展国际化经营。中国企业要生产出符合国际市场需求的产品，就必须具有相应的先进制造能力。这种先进制造能力应包括以下五个要素：一是成本控制能力，即企业通过降低生产成本、减少存货、增加设备利用的程度等方式以低成本生产产品的能力；二是质量管理能力，指制造高质量和高性能的产品，即生产出优秀的、具备价值的、符合规格的并且能满足或超出顾客期望的产品的能力；三是柔性生产能力，即根据企业的生产管理资源和不确定性满足顾客需求的能力；四是交货能力，即企业按照规定的交货时间可靠地、快速地交货的能力；五是服务能力，即企业提供有效的客户支持、销售支持、问题解决、信息搜集等能力。当企业具备上述能力时，企业可以生产出具有成本优势的高性价比产品，同时利用自身的国际营销能力，将产品打入国际市场。中国制造业企业营销能力的发展是一个渐进的过程。在国际化初期，企业利用掌握的营销资源来建立海外生产基地、销售网络、供应商体系等。企业所拥有的营销经验可以运用于多个海外市场。随着企业国际化程度的提升，企业需要深入了解东道国的市场情况。许晖等（2014）的研究也表明，企业的国际营销能力是随着企业国际化进程的推进而演进的；在企业国际化的不同阶段，企业所获得的关键资源也有所差异。

2. 基于资源整合与技术创新能力导向的企业对外直接投资战略选择

传统跨国公司理论认为，企业国际化经营的动因之一是致力于通过国际化经营活动以利用母国已经建立的优势。当前全球范围的企业国际化经营实践表明，竞争优势不但是制造业企业国际化经营的动因，也可以是制造业企业国际化经营的结果。制造业企业的国际化行为和知识发展之间存在关联。企业创造的知识流量是通过当前的国际化行为实现的,而当前的国际化行为又是以企业的知识存量为基础的。即企业未来的知识发展与过去的行为选择之间存在密切关联性。

当中国制造业企业国际化进入比较成熟的阶段,在多个国家有生产型对外直接投资或者技术寻求型对外直接投资,实现多国产业链的有机组合,出口贸易、对外直接投资等多种国际化经营方式相互协调,以谋求国内外经营利润最大化。在此阶段,企业不仅持续提升原有的先进制造、国际营销能力,而且更加注重培养自身资源整合和技术研发能力。研究发现,企业国际化成长的过程就是营销动态能力培养和构建的过程;在国内发展阶段,营销动态能力表现为产品低成本制造能力和销售能力;在拓展国际市场阶段,营销动态能力表现为国际化营销能力和产品研究能力。

企业在开展国际化经营活动时面对的是比国内市场更大的国际市场,为了从国际市场中获得更多收益,企业有动力在实施国际化战略的过程中改善产品的生产工艺,提高产品的技术含量,进而提高自主创新能力。在此阶段,中国制造业企业必须拥有技术创新和产品研发的能力,即技术研发能力。企业技术研发能力是企业对技术及相关知识进行识别、跟踪、学习、运用、创新并进行产品研发能力的总称。该能力包括以下内容:其一,企业分析外部环境,把握世界技术发展趋势,明确技术发展方向,进行技术识别的能力;其二,企业开展技术资源搜寻和获取,通过各种方式获取所想要的技术资源的能力;其三,企业进行技术学习,消化吸收已取得的技术资源,并运用其进行新的产品研发的能力;其四,企业在相应的技术领域实现新的突破,即自主研发的能力。

由于中国制造业企业在品牌、技术、渠道等方面与发达国家大型跨国公司存在差距,在此阶段,中国企业必须通过国际并购等方式整合资源。中国企业应通过以获取资源与能力为目的的并购,增加自身战略资产。这种以获取资源为目的的跨国并购主要关注资源、能力、知识等方面的改进及其与经营业绩直接的密切关系,并不重点关注市场份额等因素。并购中的相互学习与合作有助于双方识别、评估和利用对方资源。跨国公司通过并购方式获取资源、创造价值应当做好以下几个方面:其一,资源与能力的内部转移;其二,舍弃不适用的资源;其三,通过整合已有资源构建新的竞争优势。通过运营资源整合能力,中国企业将分散在全球各地的活动进行集中化的管理。由于资源的限制或利用当地资源的需要,促使跨国公司将经营活动分布在全球不同环境、不同地方,并以此作为获取竞争优势的平台。

3. 基于全球运营与全球学习能力导向的企业对外直接投资战略选择

在经济全球化的环境下，企业获取和配置资源、参与竞争的方式已打破以往的地理区域和行业领域的限制，企业必须具备全球化的资源配置能力。全球价值链就是跨国公司对自己的战略环节在全球定位的过程。全球动态能力具有两个基本要素：一是在系统推进全球一体化时认识到每个国家环境的特殊性以制定不同的国别战略；二是通过适应、整合和重构内外部资产以把握全球市场的各种机会（Griffith 和 Harvey，2001）。

当中国制造业企业由跨国公司发展成为真正的全球化公司时，企业必须具备国际化的动态能力，具体包括全球运营能力和全球学习能力。

1）全球运营能力

与一般的跨国公司相比，进行全球化经营的公司，其最大优势是能够在全球范围内进行各种资源的优化配置和协调。跨国公司内部各成员之间可以通过内部国际贸易的形式实现资源的流动，最终形成资源全球化配置的机制。企业在不同的价值链环节存在很大的资源需求差异，同时全球资源分配不均衡；跨国公司利用这种地区之间的差异，将公司的价值链各环节分解到相应地区。拥有全球运营能力的企业在全球范围内选择最佳的价值链环节承担者。跨国公司可通过价值链的"解构"实现在全球配置与整合资源，最终实现价值活动在全球范围的协调。

跨国公司必须形成一个全球整合网络，进而谋求竞争优势。协调各区位活动的方法、技术和产出决策，会激发一些潜在的竞争优势。协调的优势首先体现在使得分散活动之间的技能和技巧得以共享和积累。跨国公司通过全球协调可获得以下利益：①若分散的活动具有专业化特征，则通过分散活动的协调可以获得规模经济效益；②对营销活动的协调可以使集中化的研发活动设计出标准化的或容易修改以适应当地特征的产品并销往全球；③可以使跨国公司转移不同区位的比较优势，从而在整个网络内加以运用[①]。

2）全球学习能力

一般意义上讲，组织学习可以视为组织通过各种有效途径或方式不断地获取知识、传递知识并创造新的知识以增强自身能力、改善组织行为或绩效的持续过程。对于跨国公司而言，组织学习就是在国际化经营过程中，不断获取当地市场知识和国际化知识、转移这些知识以及创造新知识的过程。跨国公司在

---

① 席西民：《跨国企业集团管理》，机械工业出版社，2002年，第84-85页。

海外经营过程中学习和积累知识的效率是其能否获得优势、经营成功的关键。全球扩展阶段下跨国公司从各个单元获取知识并努力实现其在整个公司中交流、转移和分享，在这个阶段，跨国公司各实体单位成为整体网络的一个节点，每个节点都在知识的获取、转移和利用中发挥作用，来自于每一个节点的知识也都能被整合到网络中并创造出新知识。整个网络内的知识，可以转移到任何需要的地方，因此，这个阶段跨国公司的组织学习是网络形式的，对学习过程的管理，将直接影响跨国公司在全球范围内搜寻和整合资源的能力，以及竞争优势的获取。

在当前竞争激烈而快速多变的环境中，要使企业的竞争优势得以长期持续，就必须从动态的和竞争的角度考察知识存量与竞争优势的关系。这要求企业一方面要构筑防止竞争对手模仿的隔离机制；另一方面还要积极注入新的知识流量，以扩大和更新知识存量。知识是企业获得持续竞争优势的源泉。知识是一种特殊的资源，能力是以知识为核心的资源组合。企业的竞争优势来自于它们所特有的具有无形性和知识性的稀缺资源。

企业的跨国经营过程中，知识的积累、转移和共享是关键环节。跨国公司的效率源于其知识顺利转移和共享的程度。Spender（1996）认为，一些企业的竞争优势主要集中在知识的转移上，尤其是企业内部的知识转移尤为重要。沃尔玛特、迈克唐纳公司的成功就依赖于他们的知识转移能力。Grant（1996）认为，团队中共同知识水平、复杂度高，或者是在语言形式共享意义、相互的知识框架的认可程度越高，整合的效率就越高。但不管是知识的积累、转移和共享，都与跨国公司的组织学习是分不开的。

一般来说，一个企业在国内长期经营实践中会逐渐积累基于母国市场的环境的知识集合，并开发出赖以管理母国市场经营活动的组织结构和管理模式，但由于母国和东道国环境的差异，会显示出与东道国的不适应，这就需要通过学习逐渐了解当地的经营环境，不断积累相关的知识经验。东道国子公司还经常要把与当地环境有关的独特知识传递到母国公司或其他东道国子公司，进行融合和新知识的创造，这样，跨国公司就会不断获取和积累与跨国经营有关的知识，从而获取跨国经营的优势。

7 基于对外直接投资战略的企业进入模式选择

企业国际化是企业参与国际分工,逐渐由国内市场向国际市场演变,从国内企业成长为跨国公司的过程。企业国际化的发展是一个渐进的过程(吕蕊,2013)。与全球公司相比,中国企业的全球化程度显然是不够的,全球化程度低意味着企业整合全球资源的能力不足,在全球价值链中的影响力也较弱。中小企业由于自身实力的原因,适宜采用较为稳妥的"渐近式"的国际市场进入模式(宋砚清,孙卫东,2013)。中国制造业企业对外直接投资进入模式受到企业对外直接投资的意愿和能力的影响,而企业对外直接投资意愿包含在对外投资动机中。因此,本章在前述研究基础上,基于企业的投资动机和投资能力研究进入模式选择,并通过问卷调查收集数据进行实证。

7.1 理论分析与假设提出

7.1.1 企业能力对进入模式选择的影响

企业的组织能力是企业进行国际化经营、实现持续竞争优势的内在基础。能力观认为企业进入模式的选择必须与组织能力相匹配,企业是否应该进入国外市场以及以何种形式进入要考虑企业能力的约束(李巍、许晖,2010)。跨国公司在开展国际化经营的过程中必须不断发展组织的能力;通过发挥组织能力来抵消当地企业天然的竞争优势;组织能力能够使企业资源超越其作为竞争优势来源的作用(Zaheer,1995)。公司独有资源或全球运营经验可为企业提供竞争优势;这些创造竞争优势的资源可成为驱动企业后续战略和国际扩张所需新能力的基础;拥有独特的技术或营销等独特的能力会激励企业通过拓展国际市场来利用其经济价值（Tallman，1992）。在地理空间上，比较分散的市场和更多通过市场来进行的交易之间联系的增多，很有可能增加公司能力资源的整体透明度，从而导致在产业内专业化增加而内部化减少（Dunning 和 Lundan，2010）。跨国公司存在的重要原因是由于企业家有建立共同创造跨国市场、塑造经济生态系统的意愿和能力，共同设计和成立相应的组织来创造和获取价值；专业化合作、市场及企业生态系统的创造和共同创造以及动态能力是解释跨国公司性质和本质的基础（Pitelis 和 Teece，2010）。随着企业能力理论的发展，学术界和产业界对于跨国公司组织能力的认识也在不断深入。

从全球各个角落获取知识并努力实现其在整个公司中交流转移与分享，是跨国公司这种组织形式所特有的优势，可以大大促进并加速跨国公司的知识创新，有利于维持并提高其国际竞争优势（薛求知，阎海峰，2001）。跨国企业将跨国经营视作获取竞争优势的手段，基于战略远景的高度，在全球搜寻和整合资源，形成独特的战略资源，构建核心能力，然后在全球范围配置和协调价值创造活动，并生产出符合当地需求的差别化产品（孔德洋，2004）。通过对100多家在华子公司的实证研究，分析了环境的复杂性和产业的不确定性与跨国公司在海外市场的能力开发和构建之间的关系。他指出，跨国公司海外扩张的意图若聚焦能力开发，那么其通常采取全资子公司的模式进入海外市场；而若聚焦能力的构建，则采取合资的模式进入，通过合资模式进入国际市场可减少对能力构建不利的环境因素。企业对进入模式的选择应该考虑其是否利于资源和能力的配置和发展。该理论着重分析组织能力对进入模式选择的影响，认为企业如果具有隐含性的资源，通常不会选择出口的方式进入国外市场；如果公司资源不足，则会选择合资或并购来获得其他公司的资源，从而使组织能力得以增强。该理论还需要更多的实证支持，有待进一步的补充和完善，其假设前提较为宽松，对企业进入模式的选择具有较广的解释面（董珊珊，2011）。

由于任何组织的能力都有局限，而组织能力的不足限制了企业对特定进入模式的选择。因此，企业的进入模式选择必须与组织能力匹配。对所有权或控制权要求越高的模式，要求企业拥有越高的能力与之相对应；而对所有权或控制权要求越低的进入模式，仅需要一般的企业能力与之匹配。企业进入模式有必要促进新的知识的形成和更新，从而促进新竞争优势的形成。企业通过选择某种进入模式使企业资产在跨境传递中创造价值，让企业的知识资产创造出更大价值。

7.1.2 基于资源增长程度的进入模式类型划分

对外直接投资是企业将资金、资产直接投入东道国的经营单元,并直接参与经营管理活动的国际经营行为(刘建丽,2009)。投资进入模式是一种以所有权为基础的进入模式,企业通过在目标国家某一企业占有部分或全部的所有权,将技术、人力、管理经验及其他产权转移到目标国家(张一驰,欧怡,2001)。投资进入模式相比贸易进入和契约进入模式,所需耗费的资源最多,面临的风险最大,但同时对市场的渗透最透彻,获得的控制权也最大。研究者大多是从投资方式和股权结构两方面对对外直接投资进入模式进行分类(表7-1)。

表7-1 对外直接投资进入模式的分类

类型	绿地投资(greenfiled investment)	并购(mergers & acquisitions)
全部股权	新建独资机构	全资并购形成海外独资子(分)公司、分支机构
部分股权	新建合资:与当地企业组成合资公司共同投资新建	部分股权收购形成控股或参股子公司(一般为10%~99%股权);如果收购的是某一公司子公司的部分股权或部分业务,则在形式上与该母公司形成合资公司

资料来源:刘建丽:《中国制造业企业海外市场进入模式选择》,经济管理出版社,2009年。

新建投资是企业在国外投资建立一个全新组织,这一过程可以由企业独立完成,也可以与合作伙伴共同投资完成。投资对象可以是一个部门、办事处或子公司或分公司,从价值链分解来看,可以是采购、研发、生产、销售的任何环节。对生产性投资而言,有独资生产企业与合资生产企业。合并与收购合称并购;合并强调资产、业务的融合以及法人地位的变更;合并后的企业对并入企业的债务承担完全责任;收购一般指企业通过支付现金或权益性证券、转让非现金资产或承担债务等方式出价购买另一家企业的股份或资产以获得控制权或部分控制权的行为。企业跨国并购一般指本国企业并购东道国境内企业的股权或资产,或通过其已在东道国境内设立的子公司并购其他东道国境内企业的股权或资产的行为。

一般认为,所谓独资分支机构是国际企业拥有100%股权的海外机构,分支机构包括通常意义上的子公司、分公司、工厂、办事处、事业部等海外实体机构。从进入模式角度看，海外独资机构既可以由企业自建，也可以通过收购获得。作为一种进入模式，合资企业是企业通过与海外企业的契约性股权合作而进入海外市场的一种途径。基于资源基础理论视角，企业进入模式的差异可从"资源利用"和"资源获取"两个视角展开，其基本前提假设是企业现有资源的属性决定了其如何利用外部资源来实现增长（Meyer 等，2009）。中国制造业企业对外直接投资进入模式可分为三类：高资源增长程度、中等资源增长程度和低资源增长程度的进入模式（丁婉玲，2011）。

基于资源增长程度的进入模式，中国制造业企业对外投资进入模式分为高资源增长程度进入模式、中等资源增长程度进入模式、低资源增长程度进入模式。其中，高资源增长程度进入模式包括全资收购与成为第一大股东的部分收购，以及独资自建生产基地的投资；中等资源增长程度进入模式包括不是第一大股东的部分收购、建设合资公司以及自建独资的研发机构；低资源增长程度的进入模式包括自建销售机构以及设立办事处。

7.1.3 进入模式选择相关研究假设的提出

1. 企业对外直接投资动机对进入模式选择的影响

企业在不同的对外投资发展阶段有着不同的投资动机，决定了其不同阶段对外直接投资战略的差异。

当跨国公司进入某一国际市场，尤其是所处行业主要竞争对手的母国市场时，企业拥有明确的战略动机，而这种动机是企业全球化动机的重要组成部分。企业进入海外市场时的战略动机直接体现为寻求资源、寻求市场、寻求战略资产和寻求效率；不同的战略动机会带来不同的进入模式的选择倾向。企业的对外投资动机是进行进入模式决策的基础和前提，中国企业根据自身的投资动机来选择进入模式。企业对外直接投资动机是影响企业海外市场进入模式的关键因素之一。

1) **市场获取投资动机对进入模式选择的影响**

以市场获取为目的的对外投资涉及企业的横向扩张，通常指企业为了维护海外市场或者开拓新的市场而进行对外直接投资。中国企业市场获取投资战略最常见的表现是在出口市场所在地区域开展投资，具体投资形式包括设立办事处、分公司或子公司，负责收集海外市场信息，开拓国际市场。在市场竞争非常激烈的背景下，倘若企业拥有技术与市场能力优势，那么企业容易做出进攻型市场寻求动机的对外投资决策（吴晓波等，2010）。中国东部地区企业更为注重效率和战略资产的寻求，中西部企业则注重资源和市场的寻求（张建刚，2011）。

总体来看，中国制造业企业进入国际市场的首要目的是实现海外市场扩张，达成市场全球化的战略目标。因此，寻求和开拓新市场是中国制造业企业进入国际市场的主要动因。通过间接出口或者设立海外营销机构的直接出口等方式进入国际市场，虽然海外市场进入成本较低，但会使得海外资产的积累变得相对缓慢。海外资产的缺乏必然会制约这类进入模式的经营体系在全球化市场中的深入发展。随着市场获取战略实施的不断深入，中国企业从在国外设立办事处，逐渐向设立进出口公司、设立工厂、建立海外分公司乃至并购当地企业转变，持续增加企业在海外市场的资源投入和资源获取。中国的后发企业可以凭借局部的竞争优势成功地开展市场寻求型、自然资源寻求型和效率寻求型的对外直接投资活动。市场驱动的国际化意味着东道国市场成为企业对外投资的主要目标；随着国际环境中针对中国的贸易摩擦增多，贸易壁垒使中国企业难以单纯靠低控制型进入模式占领国际市场。因此，企业会采用更加激进的方式进行国际化，比如在东道国设立合资或独资企业，以避开贸易限制并有效获取市场机会（吴冰、阎海峰、叶明珠，2016）。中国制造业企业进行海外投资首先是为了获取国外市场信息，而长期目标则是为了企业的国际化乃至全球化发展。中国企业对外投资的目的随着国际化程度的提升而发生变化。企业在进入国际市场时的投资目的包括获取先进的技术和管理手段、靠近出口市场及扩张国际市场等。

因此，本文提出以下假设：

假设1a：相对于选择低资源增长程度的进入模式，企业获取市场的投资动机越强，企业选择高资源增长程度进入模式的可能性越大。

假设1b：相对于选择低资源增长程度的进入模式，企业获取市场的投资动机越强，企业选择中等资源增长程度进入模式的可能性越大。

2) 资源获取投资动机对进入模式选择的影响

战略资产寻求的对外直接投资动机主要反映了企业试图通过获取新的资产增加优势的意愿（Dunning，1998）。拥有丰富国际经验的企业一般不会与所在国一方创建合资企业。资源获取战略的目的是寻求区域特定的自然资源、廉价劳动力、优惠政策、战略资产等资源（丁婉玲，2011）。现代企业必须在全球范围内寻求所需资源才能培养和维持其竞争优势，中国企业作为"后来者"，更加迫切需要更多的资源以弥补自身不足。与世界一流跨国公司相比，中国企业所缺乏的往往是技术、管理诀窍、营销知识和品牌等战略资产（陈涛、邓平、金炜东，2007）。中国企业作为全球市场的后来者，要想在激烈的全球竞争中获得一席之地，就必须拥有战略资产。根据"跳板"观点，中国企业为获取战略资产来弥补竞争劣势，会选择更为激进的进入模式（吴冰、阎海峰、叶明珠，2016）。对于中国企业进入国际市场来说，中国对发达国家地区投资的公司主要目的是获取先进的技术或者销售网络，扩大品牌影响力。许多实证研究已经证明了国际经验对进入模式选择的影响，富有经验的企业通常更倾向于通过全资子公司进入国外市场。为了获得海外市场上的大量战略性资源，跨国公司通常采用并购进入的方式，来获得目标企业所持有或有能力持有的重要的战略性资源。战略资产多寡是企业竞争优势的重要体现；这些内容涉及企业的资金资本实力、技术研发水平、跨国管理能力，等等。以对外直接投资方式进入最容易创造更大的价值，获得较高的风险报酬。企业实力越强，企业在选择进入模式时的抗风险能力越强，可作出的资源承诺也更高。

因此，本文提出以下假设：

假设2a：相对于选择低资源增长程度的进入模式，企业获取资源的投资动机越强，企业选择高资源增长程度进入模式的可能性越大。

假设2b：相对于选择低资源增长程度的进入模式，企业获取资源的投资动机越强，企业选择中等资源增长程度进入模式的可能性越大。

3）全球升级投资动机对进入模式选择的影响

企业升级是企业转向更具有获利能力的资本和技术密集型经济领域的过程；许多新兴工业化国家的制造业企业通过升级实现了由简单组装向高利润制造业务的转型，完成了由低技术、低附加值状态向高新技术、高附加值状态的演变（孙理军，2012）。企业升级的实质就是企业能力的提升（唐春晖、曾龙风，2014）。在全球化的过程中，跨国公司的战略经历了由竞争优势导向、市场进入导向向能力发展导向的转变过程；这一转变是以系统内部协调机制的加强与学习机制的建立为标志的（刘冀生、胡光宇，1999）。企业能力必须通过企业内部积累来获取，这一过程具有路径依赖的特征（唐春晖、曾龙风，2014）。企业所处的环境动态复杂，必须通过持续的组织学习来维持知识与能力的独特性，通过学习创新知识来保持与竞争对手的差异性，提升企业相对竞争优势，从而获取可持续发展空间。跨国公司在全球范围内拓展其市场可理解为知识转移和创造的过程，即企业将现有知识（具有比较优势的知识）从一个国家或地区复制、转移到另一个国家或地区，并创造新知识的过程。当一个跨国公司比其他同类企业更能有效地理解并实施上述过程时，这就是跨国公司的竞争优势（魏明，

2011）。

目前，国内一些企业如海尔、联想、华为等，纷纷在国外知识和技术密集地区设立研发机构，将其作为跟踪世界研发的窗口和学习新知识、引进新技术的前沿阵地，以此建设全球学习网络和提炼国际核心能力（谢泗薪、李荣，2009）。发展中国家正逐渐以对外投资国的身份出现，从传统的被动接受知识和技术，向主动对知识密集度更高的研发活动进行海外投资转变。中国制造业企业正在积极地嵌入全球制造网络中，从全球价值链的边缘环节向核心环节攀升，努力提升自主创新能力。中国企业在全球各区域进行战略布点和建设网络组织，需要建立起一个由母公司与各个海外企业组成的以内部网络为骨架、与各个海外节点所在的当地网络相联系的全球学习网络体系（谢泗薪、李荣，2009）。跨国公司分布在全球的子公司，学习与创新是其特定优势形成的基础，而将子公司特定优势整合起来形成跨国公司在世界范围的竞争优势，则需要跨国公司形成一种能够整合子公司学习创新的知识流动网络（魏明，2011）。

因此，本文提出以下假设：

假设3a：相对于选择低资源增长程度的进入模式，企业全球升级的投资动机越强，企业选择高资源增长程度进入模式的可能性越大。

假设3b：相对于选择低资源增长程度的进入模式，企业全球升级的投资动机越强，企业选择中等资源增长程度进入模式的可能性越大。

2. 企业对外直接投资能力对进入模式选择的影响

1）企业产品制造能力对进入模式选择的影响

企业的制造能力是企业在市场中竞争的重要的武器；"制造能力"是"在成本、质量以及时间等制造绩效维度上的优势"（Skinner，1974）。规模化制造能力强的企业在产品产量柔性、产品品种柔性、快速交货、适应市场变化等方面相对较弱；而客户定制化制造能力较强的企业，则在劳动生产效率、单位制造成本、间接制造成本等方面相对处于劣势（李江帆，2007）。制造能力从产品的制造过程上分为开发、设计、生产、交货等能力，从性质上它又体现为质量性能、成本程度、控制力、制造协调性、敏捷性、柔性、创新力、交货速度与质量等，这些能力是企业提升竞争优势的有效资源（郭海凤等，2008）。现代制造业企业正努力将规模化制造能力与客户化制造能力相结合，既实现大规模生产的低成本，又可为客户提供定制化的产品和服务，即大规模定制的生产方式。获得在成本、质量、交付、柔性以及创新维度上的竞争优势是企业取得成功的关键，在以上几个维度上制造能力的提升是制造战略研究中的核心问题（田也壮等，2014）。

全球生产网络中丰富的制造资源有利于中国本土企业与外国企业之间建立起业务联系（唐春晖，曾龙凤，2014）。在国际化模式选择方面，国际化经营的初级阶段应根据企业自身实力和具备的比较竞争优势，选择正确的目标市场和市场进入模式，即在国际化的第一步，根据对目标市场的各类评估，识别市场机会与风险，并随着企业国际化程度的加深而适时调整战略决策。制造能力被认为是企业在制造过程中构建出来、具有组织特性、不易被竞争对手掌握并能为企业带来长期绩效的价值性资源和能力，是制造业企业竞争优势的核心来源。在对外直接投资中，如果投资企业比东道国企业拥有更强的制造能力，那么投资企业会充分利用这一优势，以获得比东道国企业更多的投资回报（Hymer，1976）。拥有较强制造能力的企业，可以更好地将自身在生产工艺流程上的优势与东道国廉价原材料优势或者廉价劳动力优势结合起来，形成优势互补，从而实现以更低的交付成本为东道国市场或者其他海外市场提供产品。拥有较强制造能力的企业会形成较强的寻求资源型的对外直接投资动机（Makinoetal，2002）中国企业在制造能力方面的优势是促使其对外直接投资的主要内部因素（吴晓波、丁婉玲、高钰，2010）。

因此，本文提出如下假设：

假设4a：相对于选择低资源增长程度的进入模式，企业产品制造能力越强，企业选择高资源增长程度进入模式的可能性越大。

假设4b：相对于选择低资源增长程度的进入模式，企业产品制造能力越强，企业选择中等资源增长程度进入模式的可能性越大。

2）企业国际营销能力对进入模式选择的影响

营销能力通过企业在创造和传递顾客价值的跨功能流程的反应速度和效率来体现（贺华丽，2013）。进行跨国经营的企业与东道国网络成员形成的特定联结关系很重要，当外部市场环境发生变化时，企业可利用这些网络关系提升全球化的营销能力（罗珉、刘永俊，2009）。网络关系是网络学习的环境或平台，各种类型的信息、知识在此平台上得到共享，通过组织间的相互学习，企业可跨越彼此边界获取各种显性和隐形资源，提升企业营销能力。关系资源会积极地促进营销能力的形成和发展。与顾客、供应商、竞争对手以及政府的良好关系能够带来必要的信息、技术、经验或政策支持，从而推动企业的发展（吴晓云、张峰，2014）。跨国公司一旦获取并积累了知识和经验，就可采取新建投资的进入方式（董珊珊，2011）。

中国企业应培育和发展国际营销能力，在全球范围内利用和优化配置各种资源；应做好全球营销知识的分享与转移，以之作为建立营销优势的源泉。企业拥有的资本、技术、管理技能、生产技巧和营销技巧等资源越多，企业可选择的进入模式也越多。

企业对外直接投资对其全球营销网络的影响主要体现在两个方面：一是促进全球营销网络的细分，二是推动全球营销网络的国际化。一方面，企业对外直接投资的过程，也是一个网络节点增多的过程，其结果是企业将面临更多的战略选择，从而形成更加细化的全球营销网络；另一方面，企业进行对外直接投资后，其营销渠道会延伸到东道国及其周边国家或地区，这实际上就是营销网络的国际化。全球营销网络的建立，可以帮助企业快速扩展市场空间，提升企业品牌价值，并提高其产品的市场占有率。通过构建全球营销网络来培育国际知名品牌已经成为不少地区的策略。近年来，中国企业通过设立海外销售办事处、连锁店和贸易公司等方式，积极拓展全球市场，形成了初具规模的全球营销网络。例如，万向集团以并购、参股等方式打开欧洲和北美多个国家市场，并建立了覆盖50多个国家和地区的全球营销网络（马述忠、刘梦恒，2017）。

因此，本文提出如下假设：

假设5a：相对于选择低资源增长程度的进入模式，企业国际营销能力越强，企业选择高资源增长程度进入模式的可能性越大。

假设5b：相对于选择低资源增长程度的进入模式，企业国际营销能力越强，企业选择中等资源增长程度进入模式的可能性越大。

3）企业资源整合能力对进入模式选择的影响

跨国公司的组织能力是指企业在全球范围内有目的地搜寻、整合、利用、创造公司内外资源和知识，以获得持续竞争优势的能力（谢春芳、广佳，2012）。整合能力是指并购后对新公司进行企业文化、人力资源、技术等方面进行重新整合的能力。在跨国并购中，文化差异为主要风险来源之一。文化差异主要有民族文化差异和企业文化差异（孟凡臣等，2016）。资源获取与整合能力是企业在全球范围内对国际化经营所需关键资源进行识别和获取、系统整合、重新配置；能否通过获取新的资源或重置原有资源，及时改变企业的资源基础，是企业能否成功进行国际化经营的关键（盛斌、杨丽丽，2014）。并购活动之后，企业对互补性资产的整合能力也是影响其效用发挥的因素。外部的互补性资产并不是并购完成后就能够直接加速企业成长，而是需要与企业内部的资源进行整合，实现协同效用。并购后的企业资源整合主要分为专利、品牌、人力资源以及销售渠道的整合（王雷、叶圣楠，2016）。资源获取与整合能力可以帮助企业持续调整组织资源来适应国际化经营的需要，并通过战略性资源的获取和利用来提升企业的国际竞争力；价值链重构能力让企业能不断拓展国际经营空间，充分利用不同地区的资源条件形成差异化且相互协调的价值活动，从而在更广范围和更深层次上参与国际市场竞争。

跨国公司的整合能力是指为适应外部环境变化，在全球范围内构建内外部组织技能、资源的能力（谢春芳、广佳，2012）。跨国并购的动机是针对在国际环境内实现企业核心能力的最大化积累和对东道国环境的最佳适应，进而实现企业的国际化成长；并购方通过利用自身的核心能力优势去吸纳和整合另一家企业的能力来实现自身核心能力的积累，并避免因自行培育新的核心能力所耗费的大额成本（谢泗薪等，2004）。企业能力是在利用基础资源与战略性资产过程中形成的，战略性资产可提升企业对基础资源的利用能力（唐春晖、曾龙凤，2014）。具备出色管理知识的企业会选择一个更完整的进入模式；如果企业缺乏管理知识，企业就可能会依靠当地员工来进行业务操作（何帅，2017）。跨国公司的竞争优势包括在企业内部网络中对知识整合创新转移，还包括对全球知识节点网络中各区位的特定的知识进行监测识别、学习获取、整合创新、转移利用。中国企业在国际化初级阶段，主要通过参与和适应发达国家跨国公司的价值链来开展国际化经营，从事标准化的生产制造环节，处于全球价值链的低端；随着企业的发展，一些实力较强的企业开始在海外设立研发机构和营销网络，通过获取产业发展的核心技术和对国际市场的深度开发来向价值链的高端延伸（盛斌、杨丽丽，2014）。

因此，本文提出如下假设：

假设6a：相对于选择低资源增长程度的进入模式，企业资源整合能力越强，企业选择高资源增长程度进入模式的可能性越大。

假设6b：相对于选择低资源增长程度的进入模式，企业资源整合能力越强，企业选择中等资源增长程度进入模式的可能性越大。

4）企业技术创新能力对进入模式选择的影响

技术能力是指企业控制与技术相关的成本，并通过推行技术来影响与组织目标相关的能力，依赖于企业人力、技术和相关资源的状态（吴晓云、张欣妍，2015）。技术集成必然需要从企业外部获取技术，更新和植入新领域的知识，如何在技术的不确定性、高风险性以及更新速度日益加快的时代，迅速有效地获取适当的技术资源，依赖于企业的技术监测能力（郭亮等，2012）。研发作为一项为增加知识总量和探索新的应用而进行的系统性创造工作，已成为企业获得核心技术、培养核心能力、创建竞争优势的主要途径。以中国为代表的、越来越多的新兴经济体跨国公司开始通过在海外设立研发机构等方式在全球配置研发资源和进行全球研发布局，并将之视为获取技术、提升技术创新能力的重要渠道。

中国研发实力强大的企业一般拥有高素质的技术研发人员，在海外研发中更能敏锐捕捉到获取先进技术的机会，与国外研发合作伙伴的沟通和合作也将更为顺畅和高效；研发能力强的企业在寻找国际研发合作伙伴时将更具优势。企业在构建全球生产网络和全球营销网络的同时，需要进行创新活动，包括与东道国企业展开技术合作、设立研发机构等。这些创新活动的实行，有助于推动企业的技术创新及资源共享，形成全球创新网络（马述忠、刘梦恒，2017）。通过技术独占性达到市场独占目的的中国企业，为了更有效发挥其特有的资源优势，避免并购带来的高技术转让成本劣势，一般也采用新建的方式（董珊珊，2011）。跨国公司通过其分布在全球范围内的子公司学习各个国家市场的专有知识，也能通过战略联盟学习到价值链上其他企业的知识；中国企业可以通过合资、共同组建研发中心或者成为其全球级供应商等方式来与跨国公司进行合作与交流。

因此，本文提出以下假设：

假设 7a：相对于选择低资源增长程度的进入模式，企业技术创新能力越强，企业选择高资源增长程度进入模式的可能性越大。

假设 7b：相对于选择低资源增长程度的进入模式，企业技术创新能力越强，企业选择中等资源增长程度进入模式的可能性越大。

5）企业全球运营能力对进入模式选择的影响

全球价值链分工背景下，跨国制造业企业不再仅仅拘泥于对外直接投资等股权方式来构建其国际生产网络，还可以通过契约外包生产等非股权安排的方式与东道国企业一起构建相互依存的全球网络（徐娜、齐欣，2016）。企业在以往的国际化生产经营活动中，主要是通过股权方式在海外创建分支机构，在世界范围内形成由母公司掌控的国际生产网络；然而随着时间的推移，越来越多的跨国公司通过其全球价值链将其部分的国际生产活动外部化（马述忠、刘梦恒，2017）。

跨国服务企业在中国市场的战略轨迹，其基本的规律应当是全球化战略由集中标准化战略向分散标准化战略、集中本土化战略演进，再向全球本土化战略演进（吴晓云、张欣妍，2015）。

　　跨国公司网络组织维护跨国公司组织整体的统一性，能保障既有优势在组织内的有效扩张与使用；它使子公司能够在统一战略意图和经营价值观的指引下，嵌入当地经营环境中去，通过学习和积累，创造出各种专有优势，为跨国公司竞争优势的全球获取和更新服务（黄建康，2011）。全球运营网络需要对分散在各区位的活动和能力进行有机的协调，从全球竞争的角度来看，就需要对各细分市场、产品、业务领域和地理区域的运营进行整合，以应对其他竞争对手的全球竞争策略，这就需要有专门的全球运营单位来负责全球运营的效果（孔德洋、孔新川，2004）。企业能力形成具有路径依赖的特征，企业目前所拥有的基础性资源和战略性资产是企业之前行为的结果，同时也会影响企业未来的能力发展（唐春晖、曾龙凤，2014）。跨国公司在这个过程中要始终鼓励子公司的创新活动并给予足够的资源支持；跨国公司应该鼓励子公司建立与其他子公司有效互动的能力，鼓励它们之间的相互依赖、学习和共享。否则，由于过分专业化，作为网络中节点的有些子公司囤积了大量的技术、知识和能力却无法与其他节点有效共享（孔德洋、孔新川，2004）。全球化与本土化是一对共依共存的矛盾体，企业只有全球化才能实现资源在全球范围内的最优配置，一旦资源配置到全球，必须根据本地特色进行本土化，从而使产品充分体现本土文化。本土化的主要方面是产品在功能和外观设计上的本土化（李海舰、聂辉华，2002）。在生产全球化的背景下，中国制造业企业开展内部资源整合，需要获取外部资源，通过内外资源整合来实现企业能力的提升。

　　因此，本文提出以下假设：

　　假设8a：相对于选择低资源增长程度的进入模式，企业全球运营能力越强，企业选择高资源增长程度进入模式的可能性越大。

　　假设8b：相对于选择低资源增长程度的进入模式，企业全球运营能力越强，企业选择中等资源增长程度进入模式的可能性越大。

　　6）企业全球学习能力对进入模式选择的影响

　　全球学习能力已成为衡量企业竞争能力与发展潜力的标准，它代表了企业的创造性活力，是企业国际化发展的基础动力之源。组织学习能力直接决定着知识吸引效果和企业无形资产的积累（黄建康，2011）。母公司所拥有的知识倘要使它在海外发展中充分发挥作用，企业必须根据东道国的具体实际进行创新（李京勋、李龙振，2011）。跨国公司内部是一个包括子公司与当地市场、子公司之间、母子公司之间的网络结构，全球搜索和转移知识的作用越来越大（谢春芳、广佳，2012）。企业的知识应用能力越强，表示企业内部的交流越充分，相互的共识可能就越多，外部信息与企业资源属性相结合的可能性就越大。知识应用能力强的企业更有可能根据环境迅速反应，适应市场变化，抓住市场机会。企业对机会的识别和把握，以及企业对环境变化做出反应的时间和成本是协调柔性的重要体现。

为了实现知识的有效流动并促进各节点企业创新积累，中国跨国企业应精心编织全球学习网络组织。我国企业应将某一节点获取或创造的新知识应用于组织中的其他节点，实现知识在整个母公司组织中的共享、整合乃至再创造，以此获得协同效应（谢泗薪、李荣，2009）。通过全球学习战略的全面实施，中国企业可凭借持续的全球学习过程维持其知识与能力的独特性（谢泗薪、薛求知、都业富，2004）。通过跨国公司这种特殊的组织学习体系，将每个局部所获得或创造的新知识在全球范围内实现有效的转移与整合，从而提高整个公司的知识存量，这才是跨国公司全球学习的真正优势所在（薛求知、阎海峰，2001）。

全球学习是跨国公司在动态复杂不确定的国际竞争环境中，为赢得全球竞争优势所作出的行为上的改变，跨国网络结构则是其为支持这种竞争行为变化改变而进行的组织结构上的变化（薛求知、阎海峰，2001）。企业知识的这一特性表明企业是专门从事知识的创造和内部转移的社会组织。跨国公司的兴起不是源于知识买卖市场的失效，而是它作为组织媒体跨国界转移这种知识的优势（魏明，2011）。跨国企业运用自身灵活性和协调优势可充分利用当地环境发展所带来的机遇（侯仕军，2014）。产生于不同环境和企业任务中、难以在要素市场上直接获得的知识是企业全球经营的关键驱动力（刘鹊、章文光，2016）。

因此，本文提出以下假设：

假设9a：相对于选择低资源增长程度的进入模式，企业全球学习能力越强，企业选择高资源增长程度进入模式的可能性越大。

假设9b：相对于选择低资源增长程度的进入模式，企业全球学习能力越强，企业选择中等资源增长程度进入模式的可能性越大。

7.2 研究思路与方法

7.2.1 研究思路

在前述理论基础上，借鉴已有成熟量表，并结合本研究进行适当修正，形成调查问卷。通过发放问卷收集数据；在进行验证性因子分析的基础上，运用 Logistic 回归分析法对不同投资动机以及不同企业投资能力对中国制造业企业进入模式选择的影响作用进行实证分析，验证假设是否成立。

中国制造业企业对外直接投资的市场进入模式选择研究调查问卷

本问卷由四川大学"中国制造业企业对外直接投资的市场进入模式选择"课题组设计，旨在调查研究中国制造业企业的海外市场进入模式选择的影响因素。

问卷中所有问题的答案没有对与错，请您按照实际情况回答。若备选答案不能完全准确地表达您的意见，请选择最接近您看法的答案。问卷所获信息仅供本研究使用，绝不用于其他任何商业用途。您的积极参与对本研究非常重要，十分感谢您的支持与配合，谢谢！

第一部分　企业基本情况

1. 企业总部所在地：东部地区（　　），西部地区（　　），中部地区（　　），其他地区（　　）。
2. 企业成立时间：5 年以下（　　），5～10 年（　　），10 年以上（　　）。
3. 企业性质为（　　）。
   A. 国有及国有控股　　B. 民营　　C. 集体　　D. 其他
4. 企业主营业务所属行业为（　　）。
   A. 通讯设备、计算机及其他电子设备制造业
   B. 纺织服装/鞋/帽制造业　　C. 有色金属冶炼及压延加工业
   D. 通信设备制造业　　E. 金属制品业
   F. 专用设备制造业　　G. 纺织业
   H. 黑色金属冶炼及压延加工业　　I. 交通运输设备制造业
   J. 其他
5. 企业 2016 年销售收入为（　　）人民币。
   A. <1000 万　　B. 1000 万～1 亿　　C. 1～10 亿　　D. ≥10 亿

第二部分　企业某一次海外投资基本情况

6. 海外投资时间：2001 年以前（　　），2001—2010 年（　　），2010 年以后（　　）。

7. 投资目的国所在区域：欧美发达国家地区（　　），东南亚地区（　　），非洲地区（　　），其他地区（　　）。

8. 在此投资之前，企业是否已对该国有过出口：<u>是/否</u>；是否已在该国有过投资：<u>是/否</u>。

9. 此次投资的形式为（　　）。

  A. 100%全资收购

  B. 部分收购，我方为第一大股东

  C. 部分收购，我方不是第一大股东

  D. 建立合资公司，我方股权超过50%

  E. 建立合资公司，各占50%股权

  F. 建立合资公司，我方股权少于50%

  G. 自建从事生产的分（子）公司

  H. 自建只从事研发的分（子）公司

  I. 自建只从事营销的分（子）公司

  J. 设立办事处

  K. 其他合约形式的合作

第三部分　企业此次海外投资决策及其影响因素

请根据贵企业作出此次海外投资（即问卷第二部分中所指的那次海外投资）决策时所面临的真实情况回答如下问题（数字"1"到"7"分别表示您对情况表述的七种同意程度："1"表示"完全不同意"，"4"表示"中立"，"7"表示"完全同意"。请选择相应的选项）。

（一）企业作出此次海外投资决策时的自身能力状况

与主要竞争对手相比，我们企业	完全不同意↔完全同意						
产品制造成本很低	1	2	3	4	5	6	7
拥有先进的工艺流程设备	1	2	3	4	5	6	7
能够迅速调整工艺流程和设备以应对变化	1	2	3	4	5	6	7

续表

与主要竞争对手相比，我们企业	完全不同意↔完全同意						
产品质量能够完全满足客户需求	1	2	3	4	5	6	7
能够及时向客户交货	1	2	3	4	5	6	7
能够及时搜集最新的市场信息	1	2	3	4	5	6	7
能够根据市场变化迅速调整营销策略	1	2	3	4	5	6	7
具有很强的构建和维系客户关系的能力	1	2	3	4	5	6	7
具有很强的构建和维系分销商关系的能力	1	2	3	4	5	6	7
具有很强的品牌塑造能力	1	2	3	4	5	6	7
具有很强的技术战略制定能力	1	2	3	4	5	6	7
具有很强的技术资源获取能力	1	2	3	4	5	6	7
具有很强的技术学习能力	1	2	3	4	5	6	7
具有很强的产品设计和开发能力	1	2	3	4	5	6	7
具有很强的技术创造能力	1	2	3	4	5	6	7
拥有清晰明确的并购目标	1	2	3	4	5	6	7
融资渠道多，能迅速从外部筹集所需资金	1	2	3	4	5	6	7
拥有经验丰富的对外投资及跨国并购管理团队	1	2	3	4	5	6	7
并购后，能迅速转化、吸收、整合双方资源（如技术、品牌、渠道、生产能力等）	1	2	3	4	5	6	7
在并购过程中能够对并购风险进行很好的控制	1	2	3	4	5	6	7
设立了全球总部机构负责全球范围内的运营管理	1	2	3	4	5	6	7
总部拥有经验丰富的跨国管理高层团队	1	2	3	4	5	6	7
为全球各分（子）公司建立了本土化的管理团队	1	2	3	4	5	6	7
建立了规范高效的内部管控体系	1	2	3	4	5	6	7
建立了科学实用的激励约束机制	1	2	3	4	5	6	7
建立了对外投资的信息数据库，记录了以往所有投资资料	1	2	3	4	5	6	7
建立了全球范围内的市场、技术及东道国政策发展趋势等信息收集与分析机制	1	2	3	4	5	6	7
建立了运行高效的各海内外子公司之间的信息与知识共享平台	1	2	3	4	5	6	7
建立了内部创新成果推广应用机制	1	2	3	4	5	6	7
建立了迅速应对外部环境变化的工作机制	1	2	3	4	5	6	7

（二）企业决定作出此次海外投资的原因

我们进行此次海外投资，主要是为了	完全不同意↔完全同意						
规避贸易壁垒，增加产品出口	1	2	3	4	5	6	7
更好地了解客户，扩大当地市场规模	1	2	3	4	5	6	7
更加贴近当地的客户，便于做好服务	1	2	3	4	5	6	7
搜集当地的市场信息，寻求新的市场机会	1	2	3	4	5	6	7
提升自主品牌在当地的知名度	1	2	3	4	5	6	7
充分利用当地富足的自然资源或廉价原材料	1	2	3	4	5	6	7
充分利用当地的廉价劳动力	1	2	3	4	5	6	7
获得技术专利、技术人才和技术诀窍	1	2	3	4	5	6	7
获得当地的分销网络	1	2	3	4	5	6	7
获得当地的一个知名品牌	1	2	3	4	5	6	7
建立便于全球统一运营的机构	1	2	3	4	5	6	7
建设企业内部全球各分（子）公司之间的知识转移机制	1	2	3	4	5	6	7
搭建企业内部全球范围内部各分（子）公司之间的资源共享平台	1	2	3	4	5	6	7
建立企业内部全球范围内各分（子）公司之间的协作机制	1	2	3	4	5	6	7
提升企业品牌在全球范围内的声誉	1	2	3	4	5	6	7

第四部分　问卷填写人基本情况

1. 您在贵企业的工作年限为（　　）。
    A. <3 年　　B. 3～5 年　　C. 5～10 年　　D. ≥10 年
2. 您在贵企业的工作职务为（　　）。
    A. 总经理或副总经理　　　　B. 董事
    C. 海外业务部门主管　　　　D. 制造部门主管
    E. 研发部门主管　　　　　　F. 销售部门主管
    G. 其他部门主管　　　　　　H. 总经理秘书或董事会秘书
    I. 其他
3. 若您对研究结果感兴趣，请提供联系方式，我们将反馈给您一份完整的调研分析报告。

您的 Email 联系方式：（自愿填写）

再次感谢您的合作，祝您工作愉快！

1. 变量测度
1) 中国制造业企业对外直接投资动机的测度（表7-2）

表7-2 中国制造业企业对外直接投资动机的测度

变量	测度题项	文献基础
市场获得投资动机（GMS）	为了规避贸易壁垒，增强产品出口	丁婉玲，2011；王志乐，2012
	为了更好地了解客户，扩大当地市场规模	
	为了更加贴近当地的客户，便于做好服务	
	为了搜集当地的市场信息，寻求新的市场机会	
	为提升自主品牌在当地的知名度	
资源获得投资动机（GRS）	为了充分利用当地富足的自然资源或廉价原材料	
	为了充分利用当地的廉价劳动力	
	为了获得技术专利、技术人才和技术诀窍	
	为了获得当地的分销网络	
	为了获得当地的一个知名品牌	
全球升级投资动机（GGS）	为了建立便于全球统一运营的机构	
	为了建设企业内部全球各分（子）公司之间的知识转移机制	
	为了搭建企业内部全球范围内部各分（子）公司之间的资源共享平台	
	为了建立企业内部全球范围内各分（子）公司之间的协作机制	
	为了提升企业品牌在全球范围内的声誉	

2) 中国制造业企业对外直接投资能力的测度（表7-3）

表7-3 中国制造业企业对外直接投资能力的测度

变量	测度题项	文献基础
产品制造能力（AM）	企业的产品制造成本很低	丁婉玲，2011；董珊珊，2011；刘赫，2012；薛求知，2001
	企业拥有先进的工艺流程和设备	
	企业能够迅速调整工艺流程和设备以应对变化	
	企业的产品质量能够完全满足客户需求	
	企业能够及时向客户交货	
国际营销能力（GM）	企业能够及时搜集最新的市场信息	
	企业能够对市场变化迅速调整营销策略	
	企业具有很强的构建和维系客户关系的能力	
	企业具有很强的构建和维系分销商关系的能力	
	企业具有很强的品牌塑造能力	

续表 7-3

变量	测度题项	文献基础
技术创新能力（TD）	企业具有很强的技术战略制定能力	丁婉玲，2011；董珊珊，2011；刘赫，2012；薛求知，2001
	企业具有很强的技术资源获取能力	
	企业具有很强的技术学习能力	
	企业具有很强的产品设计和开发能力	
	企业具有很强的技术创造能力	
资源整合能力（RI）	企业拥有清晰明确的并购目标	
	企业融资渠道多样，能迅速从外部筹集所需资金	
	企业拥有经验丰富的对外投资及跨国并购管理团队	
	企业并购后，能迅速转化、吸收、整合双方资源（如技术、品牌、渠道、生产能力等）	
	企业在并购过程中能够对并购风险进行很好的控制	
全球运营能力（GO）	企业建立了全球统一运营的总部机构	
	企业总部拥有经验丰富的跨国管理高层团队	
	企业为全球各地分（子）公司建立了本土化的管理团队	
	企业建立了规范高效的内部管控体系	
	企业建立了科学实用的激励约束机制	
全球学习能力（GL）	企业建立了对外投资的信息数据库，记录以往所有投资资料	
	企业建立了全球范围内的市场、技术及东道国政策发展趋势等信息收集与分析机制	
	企业建立了运行高效的各海内外子公司之间的信息与知识共享平台	
	企业建立了内部创新成果推广应用机制	
	企业建立了应对外部环境变化的工作机制	

2. 进入模式的测度

对于对外直接投资进入模式的测度，最常见的方法是将其作为二分变量处理，按照建立方式的不同分为跨国并购和绿地投资，或者按照股权结构的不同，分为合资和独资。Meyer 等（2009）提出，基于资源基础理论，可以从"资源利用"和"资源获取"两个视角来剖析不同进入模式的差异，其基本的前提假设是企业现有资源的属性决定了它如何利用外部资源而实现增长的方式。丁婉玲

(2011)基于资源增长程度对进入模式的分类,并结合中国制造业企业对外直接投资的实际情况,将对外直接投资进入模式分为三类:高资源增长程度的进入模式、中等资源增长程度的进入模式和低资源增长程度的进入模式,并在编码时分别用"1""2"和"3"来代表(表7-4)。

表7-4 中国制造业企业对外直接投资进入模式的测度

高资源增长程度的 进入模式(1)	中等资源增长程度的 进入模式(2)	低资源增长程度的 进入模式(3)
• 100%全资收购; • 部分收购,我方为第一大股东; • 独资自建生产基地	• 部分收购,我方不是第一大股东; • 建立合资公司; • 独资自建研发机构	• 独资自建销售机构; • 设立办事处

7.2.2 分析方法

1. 数据收集

按照研究设计,为保证数据收集的可行性,在广东以及其他省市进行发放调研问卷。利用人际关系,将问卷以"点对点"的形式发给被调查者。问卷调查工作从2017年7月初开始,持续到8月中旬。问卷全部以电子版方式发放,共计发放350份,收回276份,回收率为79%。

问卷筛选根据"职位是否为中、高层管理人员""企业经营主业是否为制造业",同时根据问卷填写内容的完整性,有28份问卷是无效的。调查最终获得有效问卷248份,作为本章研究的数据样本。样本的特征描述如表7-5所示。

表7-5 样本投资行为特征分布情况统计

变量	取值	样本量/份	百分比/%	有效百分比/%	累积百分比/%
进入模式	高资源增长程度	95	38.3	38.3	38.3
	中等资源增长程度	87	35.1	35.1	73.4
	低资源增长程度	66	26.6	26.6	100.0
投资经验	有	129	52.0	52.0	52.0
	无	119	48.0	48.0	100.0

表7-5呈现了问卷调查获得的248个有效样本在进入模式、投资经验及投资目的国这三个变量上的数据分布情况。从进入模式的选择情况来看,选择高

资源增长程度进入模式的企业有95家，占比38.3%；选择中等资源增长程度进入模式的企业有87家，占比35.1%；选择低资源增长程度进入模式的企业有66家，占比26.6%；从企业之前在东道国是否有过投资的情况来看，之前没有在东道国进行过直接投资的企业有119家，占比48%；之前在东道国进行过直接投资的企业有129家，占比52%。多数企业有在东道国投资的前期经验，样本企业所选择的进入模式具有明显差异。

2. 分析方法

本研究选择SPSS22和AMOS21作为数据分析软件，对问卷调查所获得的数据进行统计分析。主要运用到的分析方法为描述性统计分析和多分类回归分析。因为本研究所涉及的投资经验和进入模式等变量均不是采用李克特七级量表的测度方法来获得数据，所以不需要验证量表的信度和效度，这里采用多分类Logistic回归分析方法进行分析。但中国制造业企业对外直接投资能力与对外直接投资动机需要进行验证性因子分析。

1）企业对外直接投资能力的验证性因子分析

为进一步检验"中国制造业企业对外直接投资能力量表"的信度和效度，本研究对问卷发放获得的248份有效样本数据进行了验证性因子分析。首先，需要对"产品制造能力""国际营销能力""技术创新能力""资源整合能力""全球运营能力"和"全球学习能力"6个变量分别进行信度检验。如表7-6所示，"产品制造能力""国际营销能力""技术创新能力""资源整合能力""全球运营能力"和"全球学习能力"6个变量的Cronbach's α 系数分别为0.928，0.856，0.922，0.959，0.940和0.963，均大于0.7，题项一总体相关系数（CITC）均大于0.35（最大值为0.77，最小值为0.38）。同时，整个量表的Cronbach's α 系数为0.955，大于0.7。结果表明，该量表的信度良好。

表7-6 中国制造业企业对外直接投资能力变量的信度检验结果

变量	题项缩写	描述性统计		信度分析	
		平均值	标准差	CITC	Cronbach's α
产品制造能力	产品制造能力1	5.27	1.27	0.54	0.928
	产品制造能力2	5.33	1.30	0.57	
	产品制造能力3	5.37	1.26	0.62	
	产品制造能力4	5.49	1.30	0.60	
	产品制造能力5	5.43	1.21	0.63	

续表 7 - 6

变量	题项缩写	描述性统计		信度分析	
		平均值	标准差	CITC	Cronbach's α
国际营销能力	国际营销能力1	5.40	1.12	0.42	0.856
	国际营销能力2	5.40	1.15	0.38	
	国际营销能力3	5.53	1.06	0.44	
	国际营销能力4	5.39	1.13	0.45	
	国际营销能力5	5.33	1.15	0.41	
技术创新能力	技术创新能力1	5.11	1.21	0.58	0.922
	技术创新能力2	5.05	1.26	0.63	
	技术创新能力3	5.13	1.34	0.57	
	技术创新能力4	5.10	1.27	0.60	
	技术创新能力5	5.05	1.30	0.57	
资源整合能力	资源整合能力1	4.96	1.48	0.70	0.959
	资源整合能力2	4.91	1.41	0.70	
	资源整合能力3	4.88	1.41	0.73	
	资源整合能力4	4.94	1.45	0.72	
	资源整合能力5	4.90	1.45	0.74	
全球运营能力	全球运营能力1	4.79	1.60	0.65	0.940
	全球运营能力2	4.85	1.62	0.64	
	全球运营能力3	4.81	1.54	0.71	
	全球运营能力4	4.91	1.53	0.64	
	全球运营能力5	4.94	1.57	0.72	
全球学习能力	全球学习能力1	4.69	1.60	0.76	0.963
	全球学习能力2	4.76	1.62	0.72	
	全球学习能力3	4.62	1.59	0.75	
	全球学习能力4	4.73	1.60	0.74	
	全球学习能力5	4.69	1.58	0.77	

注：因子提取法为主成分法，旋转变换方法为最大方差法，整个量表的 Cronbach's α 系数为 0.955，$N = 248$。

接下来，对"中国制造业企业对外直接投资能力量表"进行验证性因子分析，测量模型如图 7 - 1 所示。

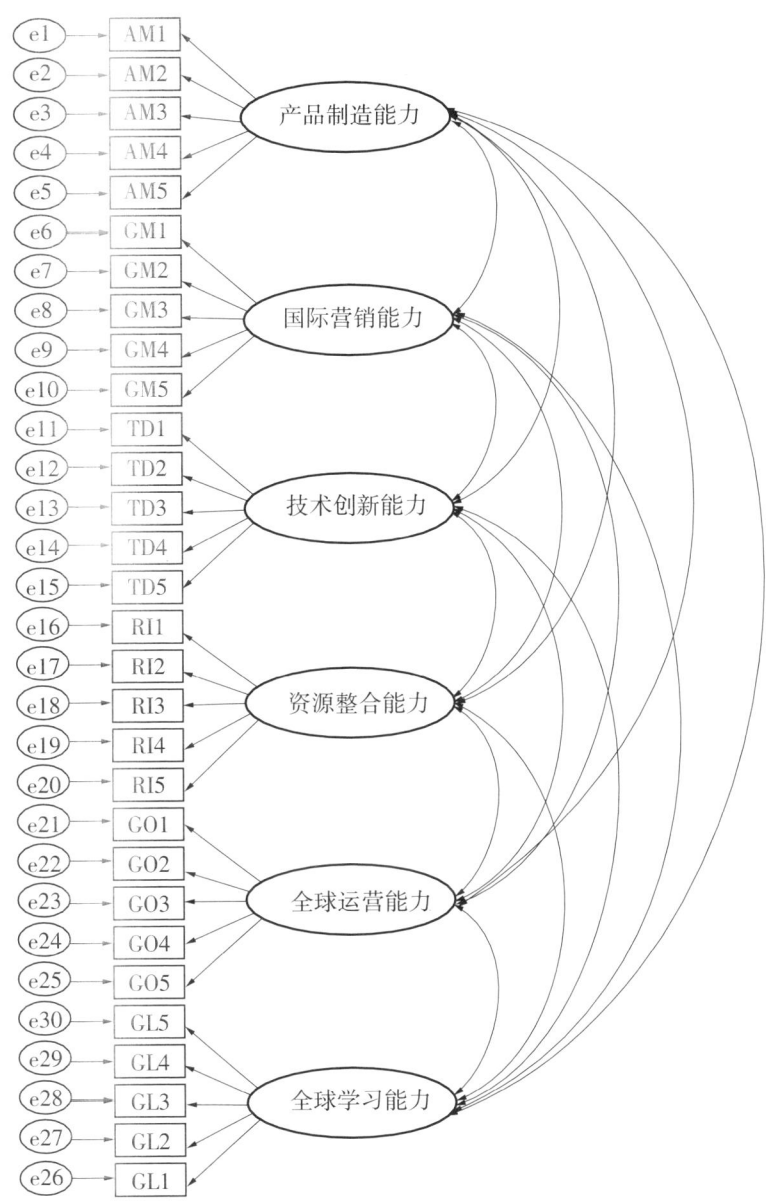

图 7-1 中国制造业企业对外直接投资能力变量的测量模型

由于验证性因子分析的结果容易受到样本数量和题项数量的影响,因此需要多个观测指标对模型拟合程度进行检验,常用的指标为 χ^2/df,RMSEA,TLI,CFI(侯杰泰、温忠麟等,2004)。拟合结果如表 7-7 所示,χ^2 的值为 648.197(自由度 df=390),χ^2/df 的值为 1.662,小于 2;RMSEA 值为 0.052,小于 0.08;

TLI 和 CFI 的值都大于 0.9，接近于 1；各路径系数均在 $P<0.001$ 的水平上具有统计显著性。可见，该模型拟合效果良好，图 7-1 所示的因子结构通过了验证，"中国制造业企业对外直接投资能力量表"的测度是有效的。

在第 5 章的探索性案例研究中，有的案例企业的对外直接投资能力并不是单一能力，而是混合能力。因此，6 种单一投资能力可以被看作是混合能力的四种维度。不同类型的混合能力在 6 个能力维度（6 种单一投资能力）上的强弱表现有所不同（表 7-7）。本研究选取"产品制造能力""国际营销能力""技术创新能力""资源整合能力""全球运营能力"和"全球学习能力"6 种单一投资能力作为特征变量（指标），采用 K 均值聚类分析方法，对 248 个有效样本进行分类，观察各类样本的投资能力组合特征，从而验证混合能力的存在，并对样本的对外投资能力类型进行科学划分和命名。

表 7-7 中国制造业企业对外直接投资能力变量的测量模型拟合结果

路径	路径系数	标准化路径系数	C. R.	P
产品制造能力 1←产品制造能力	1.000			
产品制造能力 2←产品制造能力	1.060	0.065	16.265	***
产品制造能力 3←产品制造能力	1.047	0.063	16.668	***
产品制造能力 4←产品制造能力	1.032	0.066	15.635	***
产品制造能力 5←产品制造能力	1.002	0.060	16.737	***
国际营销能力 1←国际营销能力	1.000			
国际营销能力 2←国际营销能力	0.969	0.083	11.627	***
国际营销能力 3←国际营销能力	0.898	0.077	11.621	***
国际营销能力 4←国际营销能力	0.931	0.082	11.329	***
国际营销能力 5←国际营销能力	0.920	0.084	10.989	***
技术创新能力 1←技术创新能力	1.000			
技术创新能力 2←技术创新能力	1.013	0.062	16.298	***
技术创新能力 3←技术创新能力	1.037	0.067	15.400	***
技术创新能力 4←技术创新能力	1.062	0.060	17.569	***
技术创新能力 5←技术创新能力	1.067	0.063	17.001	***
资源整合能力 1←资源整合能力	1.000			
资源整合能力 2←资源整合能力	0.938	0.041	22.794	***
资源整合能力 3←资源整合能力	0.952	0.041	23.369	***
资源整合能力 4←资源整合能力	0.983	0.042	23.564	***
资源整合能力 5←资源整合能力	0.990	0.041	24.170	***

续表 7-7

路径	路径系数	标准化路径系数	C.R.	P
全球运营能力1←全球运营能力	1.000			
全球运营能力2←全球运营能力	1.050	0.058	17.961	***
全球运营能力3←全球运营能力	1.013	0.054	18.588	***
全球运营能力4←全球运营能力	0.974	0.056	17.414	***
全球运营能力5←全球运营能力	1.026	0.056	18.306	***
全球学习能力1←全球学习能力	1.000			
全球学习能力2←全球学习能力	0.944	0.039	23.984	***
全球学习能力3←全球学习能力	0.991	0.033	30.420	***
全球学习能力4←全球学习能力	0.953	0.038	25.304	***
全球学习能力5←全球学习能力	0.958	0.035	27.103	***
χ^2	648.197	CFI	0.963	
df	390	TLI	0.959	
χ^2/df	1.662	RMSEA	0.052	

注：$N=248$，*** 表示显著性水平为 $P<0.001$。

根据聚类方法的不同，聚类分析可以分为层次聚类法、K 均值聚类法、模糊聚类法等。本研究采用 K 均值聚类法（K-means Cluster Analysis）对样本进行分类处理。因为，K 均值聚类法是一种快速聚类的方法，采用该方法得到的结果比较简单易懂，对计算机的性能要求不高，应用也比较广泛。采用 K 均值聚类法需要预先指定类别数量，因此依次将类别数量设定为 2，3，4，5，6，并逐一进行聚类分析。根据方差分析结果（表 7-8），类别数量为 6 时，6 个类别的特征变量均值具有显著性差异（$P<0.001$），表明类别数量为 6 时的分类效果很好。

表 7-8 单因素方差分析结果

特征变量	平方和	平均平方和	df	F	P
产品制造能力	26.269	5.254	5	35.871	0.000
国际营销能力	17.629	3.526	5	39.088	0.000
技术创新能力	21.724	4.345	5	26.674	0.000
资源整合能力	49.330	9.866	5	61.510	0.000
全球运营能力	57.702	11.540	5	68.705	0.000
全球学习能力	68.832	13.766	5	81.399	0.000

均值聚类分析结果如表7-9所示。

表7-9 K均值聚类分析结果

特征变量	类中心						样本总体均值
	1	2	3	4	5	6	
产品制造能力	5.10	6.14	5.37	4.69	3.93	5.72	5.38
国际营销能力	5.18	6.07	4.52	5.92	5.15	5.47	5.41
技术创新能力	4.02	5.75	4.89	5.65	4.21	5.43	5.09
资源整合能力	3.35	6.07	5.10	3.66	4.01	4.99	4.92
全球运营能力	2.88	5.93	4.61	5.37	3.67	5.60	4.86
全球学习能力	3.63	6.09	4.83	4.92	2.79	3.67	4.70
样本量	32	81	55	20	33	27	248
百分比/%	12.9	32.7	22.2	8.1	13.3	10.9	100

从表7-9可以看出，6个类别的样本数量分别为32，81，55，20，33和27，占样本总数的比例分别为12.9%，32.7%，22.2%，8.1%，13.3%和10.9%。第一类样本的中心点在特征变量上的取值表现为"产品制造能力""国际营销能力""技术创新能力""资源整合能力""全球运营能力"和"全球学习能力"的变量值低于样本总体平均值；第二类样本的中心点在特征变量上的取值表现为"产品制造能力""国际营销能力""技术创新能力""资源整合能力""全球运营能力"和"全球学习能力"的变量值高于样本总体平均值；第三类样本的中心点在特征变量上的取值表现为"产品制造能力""国际营销能力""技术创新能力"和"全球运营能力"的变量值均低于样本总体平均值，而"资源整合能力"和"全球学习能力"的变量值均高于样本总体平均值；第四类样本的中心点在特征变量上的取值表现为"国际营销能力""技术创新能力""全球运营能力"和"全球学习能力"的变量值高于样本总体平均值，"产品制造能力"和"资源整合能力"的变量值低于样本总体平均值；第五类样本的中心点在特征变量上的取值表现为"产品制造能力""国际营销能力""技术创新能力""资源整合能力""全球运营能力"和"全球学习能力"的变量值显著低于样本总体平均值；第六类样本的中心点在特征变量上的取值表现为"产品制造能力""国际营销能力""技术创新能力""资源整合能力""全球运营能力"的变量值高

于样本总体平均值,"全球学习能力"的变量值低于样本总体平均值。

根据每一类样本中心点的变量值特征,并兼顾形容词的概括性和形象性,将样本企业的六种混合投资能力类型作如下命名:

第1类:产品制造能力;

第2类:国际营销能力;

第3类:技术创新能力;

第4类:资源整合能力;

第5类:全球运营能力;

第6类:全球学习能力。

2) 企业对外投资动机的验证性因子分析

为进一步检验"企业对外投资动机量表"的信度和效度,本研究对第二阶段问卷发放获得的248份有效样本数据进行了验证性因子分析。首先,需要对"市场获得动机""资源获得动机"和"全球升级动机"3个变量分别做信度检验。如表7-10所示,"市场获得动机""资源获得动机"和"全球升级动机"3个变量的Cronbach's α 系数分别为0.896,0.933和0.942,均大于0.7,题项总体相关系数(CITC)均大于0.35(最大值为0.75,最小值为0.58)。同时,整个量表的Cronbach's α 系数为0.931,大于0.7。结果表明,该量表的信度良好。

表7-10 企业对外直接投资能力变量的信度检验结果

变量	题项缩写	描述性统计		信度分析	
		平均值	标准差	CITC	Cronbach's α
市场获得动机	市场获得动机1	5.13	1.29	0.58	0.896
	市场获得动机2	5.17	1.25	0.59	
	市场获得动机3	5.15	1.33	0.58	
	市场获得动机4	5.15	1.33	0.59	
	市场获得动机5	5.14	1.25	0.63	
资源获得动机	资源获得动机1	4.73	1.37	0.75	0.933
	资源获得动机2	4.88	1.36	0.74	
	资源获得动机3	4.73	1.41	0.69	
	资源获得动机4	4.86	1.35	0.74	
	资源获得动机5	4.83	1.40	0.69	

续表 7-10

变量	题项缩写	描述性统计		信度分析	
		平均值	标准差	CITC	Cronbach's α
全球升级动机	全球升级动机 1	4.53	1.43	0.68	0.942
	全球升级动机 2	4.65	1.47	0.67	
	全球升级动机 3	4.66	1.47	0.71	
	全球升级动机 4	4.64	1.46	0.65	
	全球升级动机 5	4.78	1.50	0.66	

注：因子提取法为主成分法，旋转变换方法为最大方差法，整个量表的 Cronbach's α 系数为 0.931，$N=248$。

下面对"中国制造业企业对外直接投资动机量表"进行验证性因子分析，测量模型如图 7-2 所示。

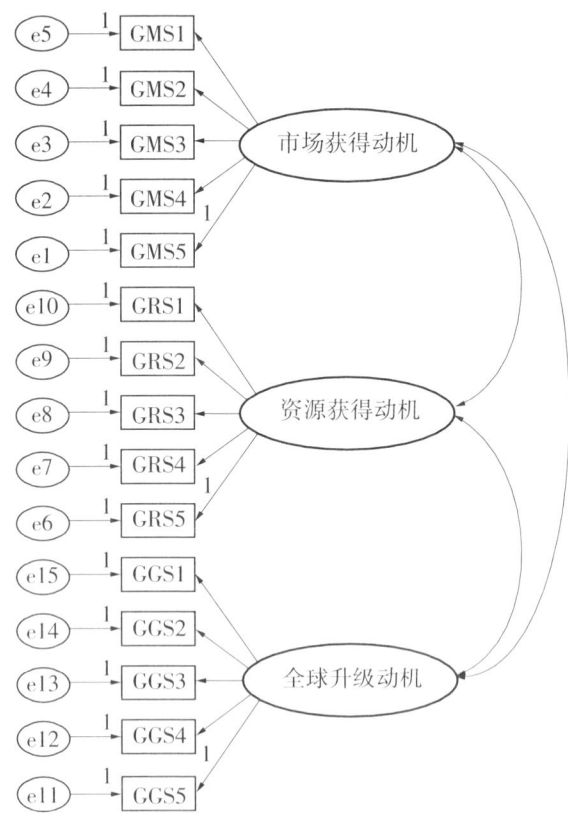

图 7-2 中国制造业企业对外直接投资动机变量的测量模型

由于验证性因子分析的结果容易受到样本数量和题项数量的影响,因此需要多个观测指标对模型拟合程度进行检验,常用的指标为χ^2/df,RMSEA,TLI,CFI(侯杰泰和温忠麟等,2004)。拟合结果如表7-11所示,χ^2的值为150.362,自由度df=87,χ^2/df的值为1.728,小于2;RMSEA值为0.054,小于0.08;TLI和CFI的值都大于0.9,接近于1;各路径系数均在$P<0.001$的水平上具有统计显著性。可见,该模型拟合效果良好,图7-2所示的因子结构通过了验证,即"中国制造业企业对外直接投资动机量表"的测度是有效的。

表7-11 中国制造业企业对外直接投资动机变量的测量模型拟合结果

路径	路径系数	标准化路径系数	C. R.	P
市场获得动机1←市场获得动机	1.000			
市场获得动机2←市场获得动机	1.060	0.065	16.265	***
市场获得动机3←市场获得动机	1.047	0.063	16.668	***
市场获得动机4←市场获得动机	1.032	0.066	15.635	***
市场获得动机5←市场获得动机	1.002	0.060	16.737	***
资源获得动机1←资源获得动机	1.000			
资源获得动机2←资源获得动机	0.969	0.083	11.627	***
资源获得动机3←资源获得动机	0.898	0.077	11.621	***
资源获得动机4←资源获得动机	0.931	0.082	11.329	***
资源获得动机5←资源获得动机	0.920	0.084	10.989	***
全球升级动机1←全球升级动机	1.000			
全球升级动机2←全球升级动机	1.013	0.062	16.298	***
全球升级动机3←全球升级动机	1.037	0.067	15.400	***
全球升级动机4←全球升级动机	1.062	0.060	17.569	***
全球升级动机5←全球升级动机	1.067	0.063	17.001	***
χ^2	150.362	CFI	0.979	
df	87	TLI	0.974	
χ^2/df	1.728	RMSEA	0.054	

注:$N=248$,*** 表示显著性水平为$P<0.001$。

由于企业的对外投资动机并不是单一动机,而是混合动机。因此,3种单一投资动机可以看作是混合动机的 3 种维度。不同类型的混合动机在 3 个动机维度（3 种单一投资动机）上的强弱表现有所不同（表 7-11）。本研究选取"市场获得动机""资源获得动机"和"全球升级动机" 3 种单一投资动机作为特征变量（指标），采用 K 均值聚类分析方法，对 248 个有效样本进行分类，观察各类样本的投资动机组合特征，从而验证混合动机的存在，并对样本的对外投资动机类型进行科学划分和命名。

采用 K 均值聚类法需要预先指定类别数量，依次将类别数量设定为 2，3，并逐一进行聚类分析。方差分析结果显示（表 7-12），类别数量为 3 时，3 个类别的特征变量均值具有显著性差异（$P<0.001$），表明类别数量为 3 时的分类效果很好。

表 7-12　单因素方差分析结果

特征变量	平方和	平均平方和	df	F	P
市场获得动机	52.777	26.3885	2	69.795	0.000
资源获得动机	113.359	56.6795	2	193.367	0.000
全球升级动机	87.261	43.6305	2	83.446	0.000

从 K 值分析结果（表 7-13）可以看出，3 个类别的样本数量分别为 121，89 和 38，占样本总数的比例分别为 48.79%，35.89% 和 15.32%。第一类样本的中心点在特征变量上的取值表现为"市场获得动机""资源获得动机""全球升级动机"的变量值高于样本总体平均值。第二类样本的中心点在特征变量上的取值表现为"全球升级动机"的变量值高于样本总体平均值，而"市场获得动机"和"资源获得动机"的变量值均低于样本总体平均值。第三类样本的中心点在特征变量上的取值表现为"市场获得动机""资源获得动机""全球升级动机"的变量值均低于样本总体平均值。

表 7-13　K 均值聚类分析结果

特征变量	类中心			样本总体均值
	1	2	3	
市场获得动机	5.75	4.82	3.98	5.15
资源获得动机	5.59	4.59	2.83	4.81
全球升级动机	4.73	5.34	2.79	4.65

续表 7-13

特征变量	类中心			样本总体均值
	1	2	3	
样本量	121	89	38	248
百分比/%	48.79	35.89	15.32	100

根据每一类样本中心点的变量值特征，并兼顾形容词的概括性和形象性，将样本企业的 3 种混合投资动机类型作如下命名：

第 1 类：市场获得动机；

第 2 类：资源获得动机；

第 3 类：全球升级动机。

7.3 研究假设的实证检验

7.3.1 信度和效度检验

1. 中国制造业企业对外直接投资能力的信度和效度

企业对外投资能力量表的信度和效度检验结果如表 7-14 所示，量表的 KMO 指标值为 0.935，大于 0.70，且 Bartlett 统计值达到 0.001 显著水平，表明适合进行因子分析。根据特征根大于 1，最大因子载荷大于 0.5 的要求，提取出了 6 个因子。根据因子载荷的分布来判断，"产品制造能力""国际营销能力""技术创新能力""资源整合能力""全球运营能力"和"全球学习能力" 6 个变量的题项均根据预期归入了相应的因子，通过了探索性因子分析的效度检验。这 6 个因子的累积解释变差为 79.175%。探索性因子分析结果表明，企业对外投资能力量表具有良好的效度。6 个变量的 Cronbach's α 系数分别为 0.928，0.856，0.922，0.959，0.940 和 0.93，均大于 0.7，CITC 均大于 0.35（最大值为 0.77，最小值为 0.38）。同时，整个量表的 Cronbach's α 系数为 0.955，大于 0.7。表 7-14 结果表明，该量表的信度和效度良好。

表 7-14 企业对外投资能力量表的信度和效度检验结果

题项	描述性统计		信度分析	效度分析							
	平均值	标准差	CITC	Cronbach's α	载荷系数						KMO 值	累计解释变差/%
					因子1	因子2	因子3	因子4	因子5	因子6		
产品制造能力1	5.27	1.27	0.54		0.180	0.816	0.219	0.136	0.008	0.025		
产品制造能力2	5.33	1.30	0.57		0.176	0.839	0.182	0.132	0.069	0.083		
产品制造能力3	5.37	1.26	0.62	0.928	0.249	0.806	0.179	0.175	0.048	0.122		
产品制造能力4	5.49	1.30	0.60		0.179	0.810	0.149	0.119	0.221	0.074		
产品制造能力5	5.43	1.21	0.63		0.268	0.805	0.170	0.137	0.089	0.153		
国际营销能力1	5.40	1.12	0.42		-0.001	0.106	0.076	0.162	0.114	0.806		
国际营销能力2	5.40	1.15	0.38		-0.001	0.063	0.060	0.075	0.223	0.765		
国际营销能力3	5.53	1.06	0.44	0.856	0.082	0.098	0.144	0.115	0.099	0.770		
国际营销能力4	5.39	1.13	0.45		0.106	0.127	0.073	0.113	0.161	0.738		
国际营销能力5	5.33	1.15	0.41		0.102	-0.020	0.115	0.081	0.222	0.726		
技术创新能力1	5.11	1.21	0.58		0.124	0.047	0.164	0.175	0.823	0.195		
技术创新能力2	5.05	1.26	0.63		0.205	0.111	0.166	0.196	0.763	0.193		
技术创新能力3	5.13	1.34	0.57	0.922	0.147	0.036	0.198	0.142	0.774	0.202		
技术创新能力4	5.10	1.27	0.60		0.104	0.122	0.155	0.207	0.819	0.176		
技术创新能力5	5.05	1.30	0.57		0.101	0.115	0.126	0.139	0.827	0.210		
资源整合能力1	4.96	1.48	0.70		0.821	0.231	0.288	0.184	0.128	0.064	0.935	79.175
资源整合能力2	4.91	1.41	0.70		0.826	0.254	0.179	0.237	0.128	0.089		
资源整合能力3	4.88	1.41	0.73	0.959	0.801	0.238	0.236	0.245	0.197	0.060		
资源整合能力4	4.94	1.45	0.72		0.821	0.254	0.232	0.202	0.155	0.101		
资源整合能力5	4.90	1.45	0.74		0.798	0.267	0.279	0.199	0.184	0.067		
全球运营能力1	4.79	1.60	0.65		0.163	0.182	0.169	0.803	0.194	0.104		
全球运营能力2	4.85	1.62	0.64		0.180	0.134	0.174	0.845	0.130	0.138		
全球运营能力3	4.81	1.54	0.71	0.940	0.239	0.200	0.178	0.795	0.220	0.131		
全球运营能力4	4.91	1.53	0.64		0.185	0.042	0.199	0.828	0.199	0.150		
全球运营能力5	4.94	1.57	0.72		0.222	0.230	0.181	0.775	0.201	0.194		
全球学习能力1	4.69	1.60	0.76		0.227	0.237	0.831	0.225	0.193	0.137		
全球学习能力2	4.76	1.62	0.72		0.183	0.261	0.807	0.212	0.149	0.162		
全球学习能力3	4.62	1.59	0.75	0.963	0.267	0.226	0.830	0.194	0.209	0.080		
全球学习能力4	4.73	1.60	0.74		0.289	0.169	0.809	0.176	0.215	0.145		
全球学习能力5	4.69	1.58	0.77		0.290	0.219	0.783	0.209	0.223	0.157		

注：因子提取法为主成分法，旋转变换方法为最大方差法，整个量表的 Cronbach's α 系数为 0.955，$N=248$。

2. 中国制造业企业对外直接投资动机的信度和效度

企业对外投资动机量表的信度和效度检验结果如表7-15所示，量表的 KMO 指标值为 0.923，大于 0.70，且 Bartlett 统计值达到 0.001 显著水平，表明适合进行因子分析。根据特征根大于 1，最大因子载荷大于 0.5 的要求，提取出了 3 个因子。根据因子载荷的分布来判断，"市场获得动机""资源获得动机"和"全球升级动机"3 个变量的题项均根据预期归入了相应的因子，通过了探索性因子分析的效度检验。这 3 个因子的累积解释变差为 77.162%。探索性因子分析结果表明，企业对外投资动机量表具有良好的效度。"市场获得动机""资源获得动机"和"全球升级动机"3 个变量的 Cronbach's α 系数分别为 0.896、0.933 和 0.942，均大于 0.7，题项—总体相关系数（CITC）均大于 0.35（最大值为 0.75，最小值为 0.58）。同时，整个量表的 Cronbach's α 系数为 0.931，大于 0.7。表 7-15 结果表明，该量表的信度和效度良好。

表 7-15 企业对外投资动机量表的信度和效度检验结果

题项	描述性统计		信度分析		效度分析				
	平均值	标准差	CITC	Cronbach's α	载荷系数			KMO 值	累计解释变差/%
					因子1	因子2	因子3		
市场获得动机1	5.13	1.29	0.58		0.108	0.236	0.799		
市场获得动机2	5.17	1.25	0.59		0.100	0.279	0.780		
市场获得动机3	5.15	1.33	0.58	0.896	0.176	0.128	0.842		
市场获得动机4	5.15	1.33	0.59		0.137	0.244	0.777		
市场获得动机5	5.14	1.25	0.63		0.183	0.261	0.779		
资源获得动机1	4.73	1.37	0.75		0.226	0.830	0.301		
资源获得动机2	4.88	1.36	0.74		0.266	0.809	0.264		
资源获得动机3	4.73	1.41	0.69	0.933	0.205	0.838	0.222	0.923	77.162
资源获得动机4	4.86	1.35	0.74		0.287	0.773	0.289		
资源获得动机5	4.83	1.40	0.69		0.219	0.818	0.225		
全球升级动机1	4.53	1.43	0.68		0.843	0.276	0.116		
全球升级动机2	4.65	1.47	0.67		0.873	0.239	0.113		
全球升级动机3	4.66	1.47	0.71	0.942	0.875	0.263	0.143		
全球升级动机4	4.64	1.46	0.65		0.887	0.162	0.138		
全球升级动机5	4.78	1.50	0.66		0.821	0.169	0.232		

注：因子提取法为主成分法，旋转变换方法为最大方差法，整个量表的 Cronbach's α 系数为 0.931，N = 248。

7.3.2　Logistic 回归分析

表 7-16 给出了中国制造业企业对外直接投资能力、投资动机影响进入模式选择的 Logistic 回归分析结果。模型 1 包括了所有的控制变量：企业年龄、企业性质、年销售额、所属行业、投资区域和投资经验。模型 2 检验了投资能力、投资动机的主效应，结果显示，相对于选择低资源增长程度的进入模式，产品制造能力、国际营销能力、技术创新能力、资源整合能力、全球运营能力和全球学习能力这 6 种动机对企业选择高资源增长程度的进入模式有显著影响。

表 7-16　企业对外直接投资能力、投资动机影响进入模式选择的 Logistic 回归分析结果

控制变量		模型 1		模型 2	
		高资源增长程度	中等资源增长程度	高资源增长程度	中等资源增长程度
企业年龄	5 年以下	-0.453 (0.635)	-0.156 (0.856)	1.737 (5.679)	0.841 (2.320)
	5～10 年	-0.767 (0.464)	-0.797 (0.451)	-1.675 (0.187)	-0.930 (0.266)
	10 年以上	-0.272 (0.762)	-0.347 (0.707)	1.358 (3.887)	1.080 (2.892)
企业性质	国有和国有控股企业	0.563 (1.756)	0.822 (2.276)	1.902 (6.700)	1.779 (5.924)
	民营企业	0.493 (1.637)	-0.123 (0.884)	2.421 (11.260)	1.043 (2.839)
	集体企业	1.067 (2.906)	0.547 (1.728)	1.999 (7.380)	0.927 (2.527)
所属行业	通信设备、计算机等电子设备制造业	0.224 (1.251)	0.083 (1.086)	-0.808 (0.446)	-0.875 (0.417)
	纺织服装/鞋/帽制造业	-0.808 (0.446)	0.291 (1.338)	-3.553* (0.029)	-1.518 (0.219)
	有色金属冶炼及压延加工业	-0.980 (0.375)	0.285 (1.329)	-1.624 (0.197)	0.084 (1.087)
	金属制品业	-0.464 (0.629)	0.354 (1.425)	-1.424 (0.241)	0.033 (1.033)

续表 7 – 16

控制变量		模型 1		模型 2	
		高资源增长程度	中等资源增长程度	高资源增长程度	中等资源增长程度
所属行业	通用设备制造业	-0.623 (0.536)	0.594 (1.812)	-0.361 (0.697)	-0.017 (0.983)
	专用设备制造业	0.653 (1.922)	-0.019 (0.981)	1.263 (3.537)	0.401 (1.493)
	纺织业	-20.643 (1.084E-9)	-1.135 (0.321)	-19.305*** (4.132E-9)	-0.832 (0.435)
	交通运输设备制造业	-0.179 (0.836)	1.629* (5.100)	0.954 (2.596)	2.262 (9.605)
年销售额	小于 0.1 亿元	-0.928 (0.395)	0.778 (2.177)	1.140 (3.126)	1.991 (7.322)
	0.1 亿~1 亿元	-0.838 (0.433)	0.496 (1.643)	1.660 (5.262)	1.851 (6.368)
	1 亿~10 亿元	0.102 (1.107)	1.574 (4.826)	0.965 (2.624)	2.194 (8.969)
投资区域	欧美等发达国家	-0.064 (0.900)	-0.057 (0.944)	-2.254 (0.105)	-1.050 (0.350)
	东南亚地区	0.699 (2.011)	0.091 (1.095)	-1.998 (0.136)	-1.517 (0.219)
	非洲地区	-0.242 (0.785)	-1.309* (0.270)	-0.447 (0.640)	-0.969 (0.379)
投资经验	企业对外投资能力	0.268 (1.307)	0.555* (1.741)	-0.070 (0.933)	0.453 (1.572)
	产品制造能力			2.190*** (8.936)	0.869* (2.384)
	国际营销能力			-1.692* (0.184)	-1.046+ (0.351)
	技术创新能力			2.039** (7.682)	1.071* (2.917)

续表 7-16

控制变量		模型1		模型2	
		高资源增长程度	中等资源增长程度	高资源增长程度	中等资源增长程度
投资经验	资源整合能力			0.921* (2.511)	0.979* (2.661)
	全球运营能力			1.097*** (2.996)	0.738* (2.092)
	全球学习能力			1.566*** (4.788)	1.199* (3.316)
企业对外投资动机	市场获得动机			1.260* (3.526)	1.000* (2.718)
	资源获得动机			2.138*** (8.484)	1.204* (3.333)
	全球升级动机			-1.124* (0.325)	-1.003* (0.367)
模型统计量	-2 Log Likelihood	449.717		214.630***	
	Chi-Square	72.064		327.606***	
	Pseudo R-Square	0.252		0.733	

注：①每个变量对应的单元格内，第一行为回归系数，第二行为发生比率（OR，Odds Ratio）；②$N=248$，*** 表示显著性水平为 $P<0.001$，** 表示显著性水平为 $P<0.01$，* 表示显著性水平为 $P<0.05$，+ 表示显著性水平为 $P<0.10$；③参照组为"低资源增长程度的进入模式"。

企业对外直接投资动机对企业选择高资源增长程度进入模式的影响关系具体表现如下：

（1）当企业寻求获得市场的投资动机增强一个单位，企业选择高资源增长程度进入模式的概率增加 252.6%；当企业寻求获得资源的投资动机增强一个单位，企业选择高资源增长程度进入模式的概率增加 748.4%；当企业寻求全球升级的投资动机增强一个单位，企业选择高资源增长程度进入模式的概率降低 67.5%。模型 1 和模型 2 的回归分析结果支持本研究提出的假设 1a、假设 2a，而假设 3a 没有得到支持。

（2）当企业寻求获得市场的投资动机增强一个单位，企业选择中等资源增长程度进入模式的概率增加 171.8%；当企业寻求获得资源的投资动机增强一个单位,企业选择中等资源增长程度进入模式的概率增加233.3%;当企业寻求全球升级的投资动机增强一个单位,企业选择中等资源增长程度进入模式的概率降低63.3%。因此,模型1和模型2的回归分析结果支持本研究提出的假设1b、假设2b,假设3b没有得到支持。

企业对外投资能力对企业选择高资源增长程度进入模式的影响关系具体表现为:

(1) 当企业的产品制造能力增强一个单位,企业选择高资源增长程度进入模式的概率增加793.6%;当企业的国际营销能力增强一个单位,企业选择高资源增长程度进入模式的概率降低81.6%;当企业的技术创新能力增强一个单位,企业选择高资源增长程度进入模式的概率增加668.2%;当企业的资源整合能力增强一个单位,企业选择高资源增长程度进入模式的概率增加151.1%;当企业的全球运营能力增强一个单位,企业选择高资源增长程度进入模式的概率增加199.6%;当企业的全球学习能力增强一个单位,企业选择高资源增长程度进入模式的概率增加378.8%。因此,模型1和模型2的回归分析结果支持本研究提出的假设4a、假设5a、假设6a、假设7a、假设8a、假设9a。

(2) 产品制造能力、技术创新能力、资源整合能力、全球运营能力和全球学习能力这5种能力对企业选择中等资源增长程度的进入模式有显著影响。企业对外投资能力对企业选择中等资源增长程度进入模式的影响关系具体表现为:当企业的产品制造能力增强一个单位,企业选择中等资源增长程度进入模式的概率增加138.4%;当企业的技术创新能力增强一个单位,企业选择中等资源增长程度进入模式的概率增加191.7%;当企业的资源整合能力增强一个单位,企业选择中等资源增长程度进入模式的概率增加166.1%;当企业的全球运营能力增强一个单位,企业选择中等资源增长程度进入模式的概率增加109.2%;当企业的全球学习能力增强一个单位,企业选择中等资源增长程度进入模式的概率增加231.6%。因此,模型1和模型2的回归分析结果支持本研究提出的假设4b、假设6b、假设7b、假设8b、假设9b,而假设5b没有得到支持。

从模型1和模型2的拟合优度来看,模型2的Pseudo R-Square值(0.733)高于模型1的Pseudo R-Square值(0.252),表明模型2的拟合优度更好。表7-17给出了模型2的预测分类结果,结果表明该模型的预测正确率为83.5%,预测效果良好。

表 7-17　模型 2 的预测分类结果

观测值	预测值			正确百分比/%
	1	2	3	
1	79	10	2	86.8
2	13	50	8	70.4
3	3	5	78	90.7
总体百分比/%	38.3	26.2	35.5	83.5

7.3.3　结果讨论

表 7-18 汇总了企业对外投资能力和企业对外投资动机对进入模式的回归分析结果。从表中的"发生比率"数值可以看出，在企业对外投资能力和企业对外投资动机的不同影响下，企业进入模式选择的可能性具有差异。

表 7-18　企业对外投资能力和投资动机对进入模式选择的影响关系

影响因素	观察组	
	高资源增长程度的进入模式	中等资源增长程度的进入模式
产品制造能力	+ (8.936)	+ (2.384)
国际营销能力	− (0.184)	/
技术创新能力	+ (7.682)	+ (2.917)
资源整合能力	+ (2.511)	+ (2.661)
全球运营能力	+ (2.996)	+ (2.092)
全球学习能力	+ (4.788)	+ (3.316)
市场获得动机	+ (3.526)	+ (2.718)
资源获得动机	+ (8.484)	+ (3.333)
全球升级动机	− (0.325)	− (0.367)

注：参照组为"低资源增长程度的进入模式"；"+"表示显著正向影响，"−"表示显著负向影响，"/"表示没有显著影响。

相对于市场获得混合投资动机，高资源增长程度的进入模式的选择所受到的来自技术创新能力（OR 值为 7.682）、产品制造能力（OR 值为 8.936）和资源获得动机（OR 值为 8.484）的影响相对均衡。这说明技术创新水平、产品制造能力水平以及企业获得资源动机对中国制造业企业选择高资源增长程度的进入模式的影响作用不分上下。相对于选择低等资源增长程度的进入模式，高资源增长程度的进入模式的选择受获得资源动机的影响最大（OR 值为 3.333），其次来全球学习能力（OR 值为 3.316）和技术创新能力（OR 值为 2.917）；受产品制造能力（OR 值为 2.384）和全球运营能力（OR 值为 2.092）的影响相对较小，来自于全球升级能力的影响相对最小（OR 值为 0.367）。这说明中国制造业企业选择中等资源增长程度的进入模式的主要驱动力来自于企业获得资源的动机，全球学习能力和技术创新水平的提高更能促使中国制造企业选择中等资源增长程度的进入模式（表 7-19）。

表 7-19　中国制造业企业对外直接投资能力与投资动机影响进入模式选择的假设检验结果

研究假设	检验结果
假设 1a：相对于选择低资源增长程度的进入模式，企业获取市场的投资动机越强，企业选择高资源增长程度进入模式的可能性越大	√
假设 1b：相对于选择低资源增长程度的进入模式，企业获取市场的投资动机越强，企业选择中等资源增长程度进入模式的可能性越大	√
假设 2a：相对于选择低资源增长程度的进入模式，企业获取资源的投资动机越强，企业选择高资源增长程度进入模式的可能性越大	√
假设 2b：相对于选择低资源增长程度的进入模式，企业获取资源的投资动机越强，企业选择中等资源增长程度进入模式的可能性越大	√
假设 3a：相对于选择低资源增长程度的进入模式，企业全球升级的投资动机越强，企业选择高资源增长程度进入模式的可能性越大	×
假设 3b：相对于选择低资源增长程度的进入模式，企业全球升级的投资动机越强，企业选择中等资源增长程度进入模式的可能性越大	×
假设 4a：相对于选择低资源增长程度的进入模式，企业制造能力越强，企业选择高资源增长程度进入模式的可能性越大	√
假设 4b：相对于选择低资源增长程度的进入模式，企业制造能力越强，企业选择中等资源增长程度进入模式的可能性越大	√

续表 7-19

研究假设	检验结果
假设 5a：相对于选择低资源增长程度的进入模式，企业营销能力越强，企业选择高资源增长程度进入模式的可能性越大	√
假设 5b：相对于选择低资源增长程度的进入模式，企业营销能力越强，企业选择中等资源增长程度进入模式的可能性越大	×
假设 6a：相对于选择低资源增长程度的进入模式，企业资源整合能力越强，企业选择高资源增长程度进入模式的可能性越大	√
假设 6b：相对于选择低资源增长程度的进入模式，企业资源整合能力越强，企业选择中等资源增长程度进入模式的可能性越大	√
假设 7a：相对于选择低资源增长程度的进入模式，企业技术研发能力越强，企业选择高资源增长程度进入模式的可能性越大	√
假设 7b：相对于选择低资源增长程度的进入模式，企业技术研发能力越强，企业选择中等资源增长程度进入模式的可能性越大	√
假设 8a：相对于选择低资源增长程度的进入模式，企业全球运营能力越强，企业选择高资源增长程度进入模式的可能性越大	√
假设 8b：相对于选择低资源增长程度的进入模式，企业全球运营能力越强，企业选择中等资源增长程度进入模式的可能性越大	√
假设 9a：相对于选择低资源增长程度的进入模式，企业全球学习能力越强，企业选择高资源增长程度进入模式的可能性越大	√
假设 9b：相对于选择低资源增长程度的进入模式，企业全球学习能力越强，企业选择中等资源增长程度进入模式的可能性越大	√

注："√"表示假设得到支持，"×"表示假设没有得到支持。

8 企业对外投资管理实践建议

管理理论源于对企业实践发展的认知和验证，本研究的目的更加注重对企业行为的可操作性指导。基于本研究结论，对中国制造业企业对外直接投资管理实践提出以下具体建议。

1. 中国制造业企业应将对外直接投资战略作为转型升级的重要途径

我国制造业企业应将对外直接投资作为转型升级的战略途径，从企业"走出去"之初就锁定全球化发展战略目标，以全球公司为学习标杆，立足全球视野推进早期阶段的跨国投资和经营战略。在启动对外直接投资后，始终致力于推动国际局部范围的投资和资源整合向全球范围的资源整合升级，注重将国外资源与国内优势结合，提升在全球范围推进产品开发、产品品质管理和市场推广的能力。在自主创新的同时，着力构建吸收消化和整合国际创新资源的有效机制，探索国际合作新模式，促进企业全球学习与创新体系的建设。对外直接投资过程中，须注重在全球价值链中自创品牌或提升品牌影响，多渠道开展企业自主品牌的创建，在适宜时机通过国际合作或收购国际知名品牌，搭建全球品牌体系。中国制造业企业在将"全球公司"作为"走出去"的最高发展目标时，应做好分阶段推进的"持久战"心理准备，并保证策略相机抉择的灵活性。通过先后实施市场获取、资源获取、全球升级对外直接投资战略实现全球公司的发展目标。

2. 中国制造业企业应基于对外直接投资战略相机抉择进入模式

企业自身的主观诉求和客观情况是某个企业对外直接投资应考虑的核心因素。中国制造业企业应根据自身的特点如销售优势、技术优势、产品优势、国际化经验，优先结合企业的发展阶段选择适合自己的对外直接投资战略和进入模式。研究结果显示，企业的动机和能力，不但决定了企业的战略选择，也决定了企业的对外投资模式选择。某一个企业在开展对外投资之前，应对自身企业有一个全面的认识，对自身的企业进行详细调研，了解自身情况。例如，如果技术水平上有优势，应当选择新建投资的方式；如果在技术水平上有劣势，那么企业应当采取并购的方式进行对外投资,这种方式可以获取国外的先进技术,再结合该企业的其他优势整合,获得较快的发展;如果中国企业的资本规模并不雄厚,无法通过并购的方式来进行对外直接投资,则可通过与东道国的企业进行合作,获得相关核心技术。此外,企业海外投资审批的一个至关重要的前提就是企业自身有明确的投资目的。投资目的对海外投资决策有着重要的影响。企业实施对外直接投资最终目的是通过部署全球的跨国经营,实现扬长避短、明确目标、有的放矢,提升企业核心竞争力。因此,企业对外直接投资不能盲目地抄底并购。若缺乏明确的发展规划和长期的战略决策能力,缺少科学的管理体系方法,对被并购对象信息一知半解,最后都将致使并购等海外投资行为失败。中国制造业企业应从企业自身的投资动机和企业能力状态两方面进行科学评估、理性分析,准确识别企业对外直接投资的阶段以及正确选择相应投资战略。在确定适宜阶段的对外直接投资战略导向后,相应选择与投资动机和企业能力适宜的市场进入模式。

3. 中国制造业企业在对外投资的不同阶段应确定不同的能力培育重心

在决定是否走出对外直接投资的第一步时,企业决策的重点是确定国际市场的区位抉择,着力提升企业产品制造能力和国际营销能力。开拓国外市场应该作为企业初期对外直接投资的战略目标,并将此时的对外直接投资纳入企业全盘的市场战略中考虑,从市场价值、市场门槛和竞争状况等方面来确定投资落地的具体区位和市场扩张次序;以高质量标准要求自己,甚至在企业开展质量改革,促进企业产品制造水平的提升。在仔细研究国际市场情况与客观认识自身企业能力条件的前提下,企业必须制定适宜的国际市场营销路线和策略,保证市场营销战略兼顾稳定性和灵活性。在初步建立局部的国际市场渠道后,企业对外直接投资的战略重心应及时转向更为多元的资源视角,着力提升企业的资源整合能力和技术创新能力。不局限于市场份额和市场利润,立足已有的海外市场据点,认真梳理在全球范围构建全产业链的空缺资源要素和空白地区;加快对外直接投资的战略着眼点从"抢位"(以投资设点抢占国际市场区位),向"补链"(立足全产业链视角,投资对象从非生产性的贸易机构向生产性的工厂和研发机构拓展)和"补位"(立足全球范围的视角,全面覆盖各主要市场)转变,努力打通国际资源嫁接、转移和互换的资源整合通道。与此同时,在国际市场拓展的基础上提升企业品牌影响力,尽快推出品牌的全球标识,以品牌影响力为核心提升企业对全球范围的产业链资源整合能力;并加大研发投入,提升企业技术创新能力,着力推出具有全球领先意义的新产品,通过技术创新能力的提升维系品牌的自我强化。

  当企业完成了布局后，确立相适应的全球战略及全球经营管理体系，形成全球运营能力和全球学习能力是此阶段企业的战略重心。当企业通过对外直接投资在全球五大洲或本行业主要市场类别都完成了布局后，确立相适应的全球战略及全球经营管理体系，并推进新兴业务的全球化布局是企业此阶段对外直接投资的战略重心，形成真正的全球运营能力和全球学习能力是维系此阶段全球公司地位的关键保障。在完成一项主营业务的全球布局和形成全球经营管理体系后，企业的对外直接投资应充分利用已有的全球公司治理优势，迅速布局企业新兴业务的全球化，并从全球范围充分获取业务转型升级的资源。

参考文献

[1] Buckley P J, et al. The determinants of Chinese outward foreign direct investment [J]. Journal of International Business Studies, 2007, 38 (4): 499 – 518.

[2] Buckley P J, Casson M C. The Future of the Multinational Enterprise [M]. London: Palgrave Macmillan UK, 1976.

[3] Johanson J, Vahlne J E. The internationalization process of the firm [J]. Journal of International Business Studies 1997, 8 (2): 23 – 32.

[4] 井润田, 宁静, 张远. 合资企业管理: 文化、结构与行为 [M]. 北京: 科学出版社, 2008.

[5] Chandler A D. Strategy and Structure: Chapters in Life Cycle of an Organization [M]. Boston: MIT Press, 1962.

[6] Quinn J B. Strategies for Change: Logical Incrementalism [M]. Homewood: Irwin, 1980.

[7] Nadkarni S, NarayananV K. Strategic schemas, strategic flexibility, and firm performance: the moderating role of industry clockspeed [J]. Strategic Management Journal, 2007, 28 (3): 243 – 270.

[8] 杨嬛, 张学良. 天生国际化与阶段国际化: 企业年龄特征与中国企业的国际化选择 [J]. 经济管理, 2016 (4): 12 – 23

[9] 周霞, 李飞飞. 企业国际化能力测评体系构建 [J]. 科技管理研究, 2009 (5): 157 – 160.

[10] 吴晓云, 吴化民. 基于业务战略类型矩阵的银行差异化竞争选择 [J]. 现代管理科学, 2011 (2): 24 – 26.

[11] 顾晓峰. 中国企业生命要素体系研究 [J]. 商业时代, 2007 (09): 41 – 44.

[12] 彼得·德鲁克. 卓有成效的管理者 [M]. 北京: 机械工业出版社, 1996.

[13] Agarwal, Ramaswami. Choice of foreign market entry mode: impact of ownership, location and internalisation factors [J]. Journal of International Business Studies, 1992. 23 (2): 128 – 151.

[14] Woodcock C. Beamish P Makino S. Ownership-based entry mode strategies and international performance [J]. Journal of International Business Studies, 1994, 25, 253 – 273.

[15] 张一弛, 欧怡. 企业国际化的市场进入模式研究述评 [J]. 经济科学, 2001 (4): 11 – 19.

[16] Wernerfelt B. A resource – based view of the firm [J]. Strategic Management Journal, 1984, 5 (2): 171 – 180.

[17] Prahalad C K, Hamel, G. The core competence of the corporation [J]. Harvard business review, 1990, 68 (3): 79 – 91.

[18] Collis D. How valuable are organizational capabilities? [J]. Strategic management journal, 1994, 15, 143 – 143.

[19] Teece D J, Pisano G, Shuen A. Dynamic capabilities and strategic management [J]. Strategic Management Journal, 1997, 18 (7): 509 – 533.

[20] Grant R. Toward a knowledge – based theory of the firm [J]. Strategic Management Journal, 1996, 17 (10), 109 – 122.

[21] Wang C Q, Hong J J. What drives outward FDI of Chinese firms? Testing the explanatory power of three theoretical frameworks [J]. International Business Review, 2012, 21 (3): 425 – 438.

[22] Klostad I, Wiig A. What determines Chinese outward FDI? [J]. Journal of World Business, 2012, 47 (1): 26 – 34.

[23] 张建红, 周朝鸿. 中国企业走出去的制度障碍研究：以海外收购为例 [J]. 经济研究, 2010 (6): 82 – 93, 121.

[24] Gao L, Liu X, Zou H. The role of human mobility in promoting Chinese outward FDI: a neglected factor? [J]. International Business Review, 2013, 22 (2): 437 – 449.

[25] Hong J J, Wang C, Kafouros M. The role of the state in explaining the internationalization of emerging market enterprises [J]. British Journal of Management, 2015, 26 (1): 45 – 62.

[26] Cui L, Jiang F M. FDI entry mode choice of Chinese M NCs: a strategic behavior perspective [J]. Journal of World Business, 2009 (44): 434 – 44.

[27] Hu H, Cui L. Outward foreign direc investment of publicly listed firms from China: a corporate governance perspective [J]. International Business Review, 2014, 23 (4): 750 – 760.

[28] Hawavini G, Subramanian V, Verdin P. The home country in the age of globalization: how much does it matter for firm performance [J]. Journal of World Business, 2004, 39 (2): 121 – 135.

[29] Wan W P. Country resources environments, firm capabilities, and corporate diversification strategies [J]. Journal of Management Studies, 2005, 42 (1): 161 – 182;

[30] Goldszmidt R G B, Brito L A L, Vasconcelos F C. Country effect on firm performance: a multilevel approcah [J]. Journal of Business Research, 2011, 64 (2): 274 – 279.

[31] 杨健全, 杨晓武, 王洁. 我国对外直接投资的实证研究：IDP 检验与趋势分析 [J]. 国际贸易问题, 2006 (8).

[32] 邱立成, 王凤丽. 我国对外直接投资主要宏观影响因素的实证研究 [J]. 国际贸易问题, 2008 (6): 80 – 84.

[33] Rugman A M, Li J. Will China's multinationals succeed globally or regionally? [J]. European Management Journal, 2007, 25, 333 – 43.

[34] 裴长洪, 樊英. 中国企业对外直接投资的国家特定优势 [J]. 中国工业经济, 2010 (7): 47 – 56.

[35] 孙月菊. 中国企业对外直接投资的研究综述与案例分析 [J]. 市场研究, 2014 (7): 60 – 61.

[36] Dunning J H. Location and the multinational enterprise: a neglected factor? [J]. Journal of Inter-

national Business Studies, 1998, 29 (1): 45-66.

[37] Buckley P J, Tan R H, Xin L. Historic and emergent trends in Chinese outward direct investment [J]. Management International Review, 2008, 48 (6): 715-48.

[38] 杜凯, 周勤. 中国对外直接投资: 贸易壁垒诱发的跨越行为 [J]. 南开经济研究, 2010 (2): 44-63.

[39] Luo Y D, Tung R L. International expansion of emerging market enterprises: a springboard perspective [J]. Journal of International Business Studies, 2007, 38: 481-498.

[40] 谭燕芝. 我国企业对外直接投资: 特点、理论新探及启示 [J]. 教学与研究, 2009, V (3): 26-31.

[41] 王凤彬, 杨阳. 跨国企业对外直接投资行为的分化与整合: 基于上市公司市场价值的实证研究 [J]. 管理世界, 2013 (3): 148-171.

[42] 昝丙艳. 中国对外直接投资 (OFDI) 的政府管理研究: 一个文献综述 [J]. 现代管理科学, 2017 (10): 117-119.

[43] 谢康. 微观经济学完全信息假设述评: 西方微观信息经济学理论起点分析 [J]. 中州学刊, 1994 (4): 27-29+18.

[44] 吴彬, 黄韬. 二阶段理论: 外商直接投资新的分析模型 [J]. 经济研究, 1997 (7): 25-31.

[45] 彭磊. 建立 SAN (存储局域网): 高校图书馆数据存储系统发展的趋势 [J]. 现代情报, 2004 (4): 37-38.

[46] 刘阳春. 中国企业对外直接投资的特征研究 [J]. 经济与管理研究, 2008 (11): 57-61.

[47] 衣长军. 中国与美日对外直接投资战略动因国际比较 [J]. 宏观经济研究, 2010 (4): 63-67.

[48] Makino S, Lau C, Yeh R S. Asset-exploitation versus asset-seeking: implications for location choice of foreign direct investment from newly industrialized economies [J]. Journal of International Business Studies, 2002, 33, 403-421.

[49] 宋铁波, 陈国庆. 企业跨区域扩张动机与进入方式选择: 基于合法性的视角 [J]. 学术研究, 2010 (10): 55-62.

[50] 刘夏明, 王珏, 逯建. 中国 OFDI 的研究综述: 理论创新与重构 [J]. 中南财经政法大学学报, 2016, 000 (002): 86-95.

[51] Kang Y F, Jiang F M. FDI location choice of Chinese multinationals in east and southeast Asia: traditional economic factors and institutional perspective [J]. Journal of World Business, 2012, 47 (1), 45-53.

[52] 杜群阳, 朱勤. 中国企业技术获取型海外直接投资理论与实践 [J]. 国际贸易问题, 2004 (11): 68-71.

[53] 冼国明, 杨锐. 技术累积、竞争策略与发展中国家对外直接投资 [J]. 经济研究, 1998 (11): 57-64.

[54] 张平. 论企业对外直接投资战略 [J]. 经济论坛, 2005 (8): 64-65.

[55] 杨海儒. 中国企业国际化战略选择及其影响因素的探讨 [J]. 科技管理研究, 2011 (13): 124-126.

[56] 王钦. 中国企业国际化战略选择: 目标市场、进入方式与竞争战略 [J]. 甘肃社会科学, 2004 (5): 222-224, 255.

[57] 陈浪南, 童汉飞. 我国对外直接投资的行业选择战略 [J]. 国际商务: 对外经济贸易大学学报, 2005.

[58] 吴东. 战略谋划、产业变革与对外直接投资进入模式研究 [D]. 浙江大学博士学位论文, 2011.

[59] 李华东. 基于战略导向的中国企业国际市场进入模式选择研究 [D]. 中南大学博士学位论文, 2011.

[60] 孟玉明. 中国企业"走出去"发展战略的制定与实施 [J]. 国际经济合作, 2012, 000 (002): 14-21.

[61] 冯体一. 央企对外直接投资的战略选择 [J]. 华东师范大学学报 (哲学社会科学版), 2015, 047 (002): 113-123.

[62] Anderson E, Gatignon H. Modes of foreign entry: a transaction cost analysis and propositions [J]. Journal of International Business Studies, 1986, (11): 1-26.

[63] 尹盛焕. 企业所有权优势与进入模式: 中国企业在韩投资研究 [J]. 国际贸易问题, 2004 (11): 75-80.

[64] 岳中志, 付竹, 袁泽波. 中国企业 OFDI 进入模式的选择研究: 基于交易成本理论的实证检验 [J]. 财经论丛, 2011 (6): 21-26.

[65] 周茂, 陆毅, 陈丽丽. 企业生产率与企业对外直接投资进入模式选择: 来自中国企业的证据 [J]. 管理世界, 2015 (11).

[66] 易靖韬, 戴丽华. FDI 进入模式、控制程度与企业绩效 [J]. 管理评论, 2017 (6): 118-128.

[67] 宋勇超. "一带一路"战略下中国对外直接投资贸易效应研究 [J]. 技术经济与管理研究, 2017 (6).

[68] 李自杰, 刘畅, 李刚. 新兴国家企业持续对外直接投资的经验驱动 [J]. 管理科学学报, 2014 (7).

[69] 张玉明, 神克会. 制度环境、国际经验对企业对外直接投资进入模式选择的影响: 基于 A 股上市制造业企业数据的分析 [J]. 经济研究参考, 2015 (22): 71-77.

[70] 吕萍, 郭晨曦. 治理结构如何影响海外市场进入模式决策: 基于中国上市公司对欧盟主要发达国家对外直接投资的数据 [J]. 财经研究, 2015, 41 (3): 88-99.

[71] 鲁桐. 中国企业海外经营: 对英国中资企业的实证研究 [J]. 世界经济, 2000 (4): 3-15.

[72] 许晖. 企业国际化进程中的技术扩散与风险防范 [J]. 科学管理研究, 2003, 21 (4): 76-79.

[73] 张一弛. 我国两岸三地对美直接投资的进入模式:一项基于数据的分析报告 [J]. 管理世界, 2003 (10): 33-39.

[74] 李平, 徐登峰. 独资还是合资:我国企业跨国直接投资进入模式的影响因素研究 [J]. 经济管理, 2010 (5): 57-63.

[75] 蒋冠宏, 蒋殿春. 中国对外投资的区位选择:基于投资引力模型的面板数据检验 [J]. 世界经济, 2012 (9): 21-40.

[76] 谢孟军. 政府治理与资本跨国流动:理论及实证 [J]. 广东财经大学学报, 2016, 31 (2): 16-24.

[77] 李康宏, 林润辉, 李娅, 等. 管制制度落差对中国跨国公司进入模式的影响 [J]. 中国科技论坛, 2016 (9).

[78] 阎大颖. 中国企业国际直接投资模式选择的影响因素:对跨国并购与合资新建的实证分析 [J]. 山西财经大学学报, 2008 (10): 29-38.

[79] 郭烨, 许陈生. 双边高层会晤与中国在"一带一路"沿线国家的直接投资 [J]. 经济与管理科学·金融, 2016 (2): 28-38.

[80] 倪沙, 王永兴, 景维民. 中国对"一带一路"沿线国家直接投资的引力分析 [J]. 现代财经 (天津财经大学学报), 2016, 36 (5): 5-16.

[81] Hymer S. The international operations of national firms: a study of direct investment [D]. Ph. D. Thesis, Massachussets Institute of Technology, 1960.

[82] Kindleberger C P. American business abroad [M]. New Haven: Yale University Press, 1969.

[83] Brouthers K D, Brouthers L E, Wenner S. Industrialsector, perceivedenvironmental uncertainty, and entry mode strategy [J]. Journal of Business Research, 2002, 55: 495-507.

[84] Dunning J H. Trade, Location of Economic Activity and the MNE: A Search for An Eclectic Approach [M] //The international allocation of economic activity, London: Macmillan, 1977.

[85] Hill C, Hwang P, Kim W. An eclectic theory of the choice of international entry mode [J]. Strategic Management Journal, 1990 (11).

[86] Johanson J. The internationalization process of the firm [J]. Journal of International Business Studies, 1997, 8 (2): 23-32.

[87] Lall S. The New Multinational [M]. Chichester and New York: John Wily, 1983.

[88] Cantwell J, Tolentino P E. Technological accumulation and third word multinationals [D]. University of Reading Discussion Paper in International Investment and Business Studies. 1990.

[89] Penrose E. The Theory of the Growth of the Firm [M]. New York: Oxford University Press, 1995.

[90] 蒙丹. 产品内分工下我国企业全球生产网络构建与升级:基于万向集团的案例分析 [J]. 中国经济问题, 2012 (4): 87-93.

[91] 罗虎. 跨国公司向全球公司战略转型的十大趋势 [J]. 福建论坛人文社会科学版, 2013

(4): 41-45.

[92] 王志乐. 在融入全球价值链过程中转型升级: APEC 会议对企业的启示之二 [J]. 经济体制改革, 2015 (3).

[93] 王志乐. 静悄悄的革命: 跨国公司向全球公司转型 [J]. 经济导刊, 2008 (3): 14-29.

[94] 王志乐. 全球公司: 跨国公司发展的新阶段 [J]. 经济体制改革, 2012 (6): 8-10.

[95] 盛斌, 杨丽丽. 企业国际化动态能力的维度及绩效作用机理: 一个概念模型 [J]. 东南大学学报 (哲学社会科学版), 2014 (11): 48-53.

[96] 孔德洋, 孔新川. 我国中小企业进入国外市场的策略选择: 传统策略与创新策略 [J]. 市场营销导刊, 2004 (2): 47-49.

[97] Tallman S, Lindquist K. Internationalization, globalization, and capability-based strategy [J]. California Management Review, 2002, 45 (1): 116-135.

[98] 许晖, 王睿智, 许守任. 社会资本、组织学习对企业国际营销能力升级的影响机制: 基于海信集团国际化发展的纵向案例 [J]. 管理学报, 2014 (2): 244-253.

[99] Griffith D A, Harvey M G. A resource perspective of global dynamic capabilities [J]. Journal of International Business Studies, 2001, 32 (3): 597-606.

[100] Spende J C, Grant R M. Knowledge and the firm: overview [J]. Strategic Management Journal, 1996, 17: 5-9.

[101] 吕蕊. 中国民营企业的国际化进程: 基于 IP 模型演进视角 [J]. 商业经济研究, 2013 (32): 78-80.

[102] 宋砚清, 孙卫东. 中小企业国际市场进入模式选择分析 [J]. 科技管理研究, 2013 (6): 105-110.

[103] 李巍, 许晖. 组织能力视野下的企业国际化模式研究: 以四川长虹为例 [J]. 管理案例研究与评论, 2010 (10): 344-352.

[104] 薛求知, 阎海峰. 跨国公司全球学习: 新角度审视跨国公司 [J]. 2001 (2): 36-39.

[105] 董珊珊. 中国企业对发达国家直接投资的进入模式研究 [D]. 武汉大学博士论文, 2011.

[106] 刘建丽. 战略因素影响下的企业海外市场进入模式选择 [J]. 经济管理, 2009 (1): 80-85.

[107] 张一驰, 欧怡. 企业国际化的市场进入模式研究述评 [J]. 经济科学, 2001 (4): 11-19.

[108] 丁婉玲. 中国制造企业对外直接投资的动机与进入模式研究 [D]. 浙江大学博士论文, 2011.

[109] 吴晓波, 丁婉玲, 高钰. 企业能力、竞争强度与对外直接投资动机: 基于重庆摩托车企业的多案例研究 [J]. 南开管理评论, 2010 (6).

[110] 张建刚. 中国对外直接投资的区域均衡与动因差异研究: 基于省级面板数据的实证分析 [J]. 商业经济与管理, 2010 (10).

[111] 吴冰,阎海峰,叶明珠. 国际化动因、经验与进入模式的关系研究 [J]. 科研管理,2016 (12):105-112.

[112] 陈涛,邓平,金炜东. 中国企业获取战略资产的途径及其比较 [J]. 国际经济合作,2007 (6):12-17.

[113] 孙理军. 从全球价值链到开放式创新:低技术制造企业升级的理论基础探讨 [J]. 中国地质大学学报(社会科学版),2012 (6).

[114] 唐春晖,曾龙风. 资源、网络关系嵌入性与中国本土制造企业升级案例研究 [J]. 管理案例研究与评论,2014 (12):477-489.

[115] 刘冀生,胡光宇. 从跨国公司的全球化战略看当今企业的可持续发展机制 [J]. 科学研究,1999 (2):61-64.

[116] 魏明. 基于全球学习与知识共享视角的跨国公司组织演进 [J]. 武汉大学学报(哲学社会科学版),2011 (11).

[117] 谢泗薪,李荣. 中国企业全球学习的国外攻略:从本土嵌入到全球布点的网络编织与能力成长 [J]. 科学学与科学技术管理,2009 (3):170-174.

[118] 李江帆. 国外制造业服务化问题研究综述川 [J]. 经济学家,2007 (3):119-126.

[119] 郭海凤,陆力斌,杨洋,等. 组织学习提升企业制造能力的路径研究 [J]. 研究与发展管理,2008 (2):85-90.

[120] 田也壮,李华山,裴学亮. 制造能力沙堆模型实证研究:创新要素的重新定位 [J]. 研究与发展管理,2014 (6):104-114.

[121] 贺华丽. 专业市场本地网络效应、全球网络效应与中小企业国际营销能力:基于浙江义乌和绍兴的实证研究 [J]. 商业经济与管理,2013 (5):30-38.

[122] 罗珉,刘永俊. 企业动态能力的理论架构与构成要素 [J]. 中国工业经济,2009 (1):75-86.

[123] 吴晓云,张峰. 关系资源对营销能力的影响机制:顾客导向和创新导向的中介效应 [J]. 管理科学,2014 (2):58-68.

[124] 马述忠,刘梦恒. 全球价值链背景下中国 OFDI 的网络化趋势及其默会知识逆向溢出研究 [J]. 国际商务(对外经济贸易大学学报),2017 (3):74-85.

[125] 谢春芳,广佳. 动态复杂环境下跨国公司组织能力内核研究 [J]. 西南民族大学学报(人文社会科学版),2012 (3):113-118.

[126] 孟凡臣,肖盼,刘博文. 跨文化吸收能力对国际并购绩效的影响分析 [J]. 科研管理,2016 (6):151-158.

[127] 王雷,叶圣楠. 跨国并购行为下互补性资产效用发挥的影响因素:基于联想集团的案例比较分析 [J]. 管理案例研究与评论,2016 (10):485-499.

[128] 谢泗薪,薛求知,都业富. "知识与学习"视角下的中国企业全球学习战略研究 [J]. 软科学,2004 (2):24-27.

[129] 何帅. 对非洲市场投资模式选择的模型构建：国有企业和民营企业比较研究 [J]. 湖南社会科学, 2017 (1)：132 – 140.

[130] 吴晓云, 张欣妍. 服务性跨国公司在中国市场的全球本土化战略：以四大会计师事务所为例 [J]. 南开学报（哲学社会科学版）, 2015 (4)：64 – 76.

[131] 郭亮, 于渤, 郝生宾. 动态视角下的企业技术集成能力内涵及构成研究 [J]. 工业技术经济, 2012 (5)：11 – 18.

[132] 徐娜, 齐欣. 中国制造企业全球价值链嵌入的动态最优生产决策：基于嵌入位置与控制能力的实证研究 [J]. 经济问题探索, 2016 (11)：99 – 105.

[133] 黄建康. 跨国公司竞争优势范式变迁与我国企业的策略选择：基于网络组织的视角 [J]. 求实, 2011 (7)：55 – 58.

[134] 李京勋, 李龙振. 跨国公司母公司知识和海外子公司绩效：吸收能力、信任和沟通频率的调节作用 [J]. 国际经济探索, 2011 (7)：75 – 80.

[135] 魏明. 基于全球学习与知识共享视角的跨国公司组织演进 [J]. 武汉大学学报（哲学社会科学版）, 2011 (11)：32 – 37.

[136] 侯仕军. 中国企业跨国经营能力提升路径研究：基于海外子公司知识角色管理的视角 [J]. 国际经济合作, 2014 (12)：43 – 49.

[137] 刘鹃, 章文光. 跨国公司在华子公司角色定位与发展：基于竞争优势理论 [J]. 北京师范大学学报（社会科学版）, 2016 (5)：195 – 204.

[138] 王志乐. 全球公司：跨国公司发展的新阶段 [J]. 经济体制改革, 2012 (6)：8 – 10.

[139] Meyer K E, Estrin S, Bhaurnik S K, et al. Institutions, resources, and entry strategies in emerging economies [J]. Strategic Management Journal, 2009, 30 (1)：61 – 80.

[140] Skinner W. The focused factory [J]. Harbard Business Reiew, 1974, 52 (3)：113 – 121.

后 记

2017年1月,我在《广东财经大学学报》发表了"比较视角下中国对外直接投资影响因素研究"一文,对中国企业对外投资有了一个比较系统和深入的认知。本书的选题则是我在攻读博士学位期间就开始酝酿的,而整篇的思维逻辑和结构层次是在对论文进行具体阐述和论证过程中逐步建立起来的。当我开始了解企业对外直接投资理论与企业能力理论,接触企业对外直接投资的发展历程时,就对"中国制造业企业对外直接投资战略演进及进入模式"这一领域产生了浓厚的兴趣,其包含的理论和实践意义强烈地吸引了我的注意力。最终,"中国制造业企业对外直接投资战略演进及进入模式选择"这一命题,让我决心深入探讨研究。

探索利益最大化的直接对外投资模式,用新的多维视角全方位考察中国企业对外直接投资演化的总进程是我研究的初衷。本书试图以"中国制造业企业对外直接投资战略演进及进入模式选择"这一发展脉络为主轴,阐述中国制造对外投资发展的深层机理,以展现其发展轨迹,进而提出相应的对策建议。

占领国际市场是企业对外直接投资战略的起点,而产品制造能力和国际营销能力则是企业开展对外直接投资的能力基础。因此,对于对外直接投资战略现实提出的种种命题,对作为有志扎根于本土、放眼世界、致力于未来的每一家企业而言,都应以更博大的胸怀、更高的境界、更踏实的心态来认真应对和理性地思考。对于政府层面作出的国家宏观发展战略,除了抱有独立的学术人格与独到的见解之外,我们应更多地寻求和构建起一种与时代同命运、与社会共发展的历史责任感,并为此坚持不懈努力。战略只有付诸行动才会生发无穷力量,理论和实践相结合才能落地开花。业界的众多成功人士和具有创新精神的企业家、职业经理人,包括学界在某一领域内掌握行业话语权的专家教授,都是在不同的层面和维度为中国制造业强国目标的实现、为中国直接对外投资的建立、为探究适合中国制造业直接投资的模式做着具体、本质的工作。

本书借鉴和学习了众多学者关于企业对外投资的学术成果,这些闪耀着科学与理性光芒的思想理论、研究方法为本研究的顺利进行起到了极大的推动作用。然而，受能力、条件以及时间等限制，本研究仍存在一些遗憾。如，本书比较注重概念界定、演进路径、演进机理等基础内容的研究，对理论探索的深度有待进一步加强。其中，中国制造业企业对外直接投资战略的典型演进模式、中国制造业企业对外直接投资能力各个维度等需进一步深入探讨。另外，由于我国对外直接投资发展中历史悠久的制造业企业数量仍然较少，收集样本数据存在较大难度，使得本研究的样本量不够大，在验证研究命题方面还有较大的改进空间。未来，我将继续研究探索中国制造业企业对外直接投资战略演进及进入模式的相关问题。

最后，本书的顺利完成，不能不提到我的导师——揭筱纹教授。揭教授之于我亦师亦友。从与揭教授的相处中，我学到了很多东西。揭教授严谨、务实的作风是永远值得我学习的。同时，对我遇到的一些困难、问题，揭教授总是能及时予以排解。能师从揭教授，是我一生之幸。同时也衷心感谢我的硕士导师，北京大学的武常歧教授在百忙之中作序。另外，在四川大学求学期间，商学院诸多导师给予我许多终身受用的教诲，他们严谨的治学态度、不染俗流的学者风骨、诲人不倦的师长风范，为我树立了做事、做学问的榜样。再次对给予我帮助的老师致以诚挚的谢意。

林良沛

2019 年 12 月